KB210847

나는 교장! 나는 사모!

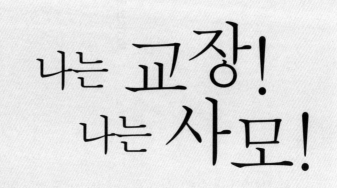

나는 교장!
나는 사모!

이희열 지음

좋은땅

하나님께서 내게 행하신 일을 간증하는 글로 쓰고 싶다는 소원을 오래 전(10여 년)부터 주셨다.

교장 취임 후 하루 3번씩 학교를 위해 기도하며 하나님께서 주시는 지혜로 교육과정을 새롭게 하고 공간혁신을 통해 꿈나무들에게 희망을 주고자 애써 왔다. 체력이 고갈 날 정도로 밤낮을 학교와 아이들 생각에 보내오기를 9개월! 이제 교육과정이 교육공동체 속에서 유기적으로 맞물려 돌아가는 모습이 보이고 나니 25여 년간 써온 영성일지와 학교일지를 엮어서 살아 계신 하나님께서 내게 행하신 일들을 글로 간증해야겠다는 생각이 든다.

글을 쓰다 보면 나의 부족함과 치부가 드러나게 될 것이다. 부끄럽기도 하고 손가락질 당할까 봐 두렵기도 하다. 그럼에도 불구하고 나의 부족함을 통해 일하시는 사랑의 하나님을 증거하고 싶다.

오직 살아 계신 하나님께서 기뻐 받으시는 간증집, 바라옵기는 믿는 자들에게는 힘과 도전이 되고 믿지 않는 자들에게는 구원의 도구가 되기를 소원하며 펜을 든다.

　　소원을 두고 행하시는 주님께서 이렇게 긴 시간 동안 변함없는 소원을 주시니 순종하는 마음으로 시작해 본다.

목차

II
'삶의 현장'에서 만난 하나님!

III
'승진'이라는 광야학교에서 만난 하나님!

I

'구원'의 길에서
만난 하나님!

할렐루야!

하나님! 감사합니다.

죽을 수밖에 없는 저를 구원하여 주시니 참 감사드립니다.

하나님을 배척하고 믿는 자를 핍박했던 죄인 중에 괴수인 나를 위해 누군가 기도하게 하시고

고난의 길 가운데 낮은 마음으로 인도하사 친구를 통해 구원의 기쁜 소식을 듣게 하시고
처음 교회 간 날 성령체험하게 하시며
예수를 주라 시인할 수 있는 은혜를 베풀어 주시니 감사합니다.

고난은 힘들었지만
이 세상에서 가장 소중한 구원을 얻었으니 어찌 감사하지 않을 수 있으리이까?

하나님께서 저와 함께 하시니 저는 행복합니다.
이 세상에 두려울 것도 없고 부러운 것도 없습니다.

　나의 구원을 계획하시고 인도하시고 확증을 주시고 역사하신 하나님을 찬양합니다.
　경배드립니다. 존귀와 영광을 올려드립니다.

　사랑합니다. 예수님!

1997년 5월 18일
교회 간 첫날 성령체험 하고서

1.

행복했던 어린 시절

입가에 미소가 번진다. 어린 시절을 떠올리면 편안하고 행복하며 풍족했던 것 같다.

아버지는 충남에서 태어나셨는데 붓글씨도 잘 쓰시고 다방면에 손재주가 좋으셨다고 한다. 결혼하시고 일찍 서울로 상경하셔서 명동에서 실내장식과 간판 등의 사업을 시작하셔서서 자리를 잡으셨다. 내가 태어난 후에 사업이 더욱 번창했다고 한다. 명동 신세계백화점이나 미도파백화점 등에 바캉스 철에 바다와 비키니 입은 여자 그림 등을 대형으로 그려서 설치하기도 하고 실내장식업 등의 사업을 하셨는데 사업이 승승장구하셔서 덕분에 나는 부유한 어린 시절을 보냈다.

6남매의 막내로 태어난 나는 어머니, 아버지뿐만 아니라 5명의 언니와 오빠로부터 인화초가 되어 사랑을 듬뿍 받으며 밝고 건강하게 자라났다. 지금 와서 생각해 보면 어린 시절 그렇게 아낌없이 받은 사랑 덕분에 높은 자존감이 형성되었다는 생각을 하니 부모님과 언니, 오빠들께 참 감사하다.

어떤 경우에도 삶을 포기하지 않고 매진하는 나의 강함이 어린 시절 사랑을 듬뿍 받고 자란 덕이 아닌가 싶다.

나는 학교를 들어가 공부도 잘했다. 조기교육을 받지도 않고 유치원도 다니지 않았는데 시험 볼 때마다 우수상을 받았고 반장도 하였다. 졸업식 때 졸업장을 대표로 받는 등 3번이나 단상에 올라가 교장 선생님께 직접 상을 받았던 잊지 못할 추억도 있다.

어린 시절을 생각하면 환하고 밝고 기쁘고 즐겁고 풍족하고 사랑받은 좋은 것들이 눈앞에 그려진다.

2.

MY WAY

행복했던 나에게 아픔이 찾아왔다.

어머니는 내가 태어나기 전부터 누군가에게 전도를 받아 '왕국회관'에 다니셨다. 그래서 나도 엄마 손에 이끌려 자연스럽게 그곳에 다니게 되었다.

중학교 3학년 때 학급 반장이 되었다. 그때는 월요일 마다 운동장에서 애국조회를 했는데 담임 선생님이 맨 앞에 서시고 그 다음 줄에 반장이 서고 그리고 2열 종대로 반 학생들이 서서 구령대에서 말씀하시는 교장 선생님의 말씀을 들었다.

문제는 '국기에 대한 경례'였다.

'여호와의 증인'은 삼위일체를 인정하지 않는다. 하나님을 믿지만 예수님은 하나님이 아니고 하나님의 아들일 뿐이라고 한다. 교리 중에 '살인하지 말라'는 성경의 말씀을 지키기 위해 군대를 가지 않는다. 대신 감옥에 가서 그 대가를 치른다. '하나님 외에 다른 신이나 우상에게 절하지 말라'는 성경 말씀을 지키기 위해 태극기에 경례를 하지 않는다. 난 국기에 대한 경례를 하지 않았다.

그런데 반장 자리인 맨 앞에 서 있는 나의 행동이 대각선으로 아이들에게 바로 발각(?)되었고 전교생이 그 사실을 알게 되기까지 얼마 걸리지 않았다. 지금은 종교의 자유가 있어서 학교에서 특별한 교리를 지키는 것을 탓하지 않는다. 그러나 그때는 달랐다. 국기에 대한 경례를 하지 않는 학생들은 국가에 대한 기본적인 의무를 지키지 않는다고 해서 자퇴를 하라고 강요했던 시절이었다. 내가 다녔던 왕국회관의 학생들 중에도 몇 명이 자퇴를 했다는 것을 알고 있었다.

결국 담임 선생님은 나를 불렀다. 그 종교에서 빠져나올 것을 권유하셨다. 수학 선생님도 나를 조용히 불러 담임 선생님과 같은 말씀을 하시기 시작하셨다. 나는 어떻게 해야 할지 혼란스러웠다.

나는 어머니 품속에서부터 왕국회관을 다녔고 자연스럽게 어머니와 그 종교는 나를 지탱하는 기둥이 되었고 내가 편안히 안주할 수 있는 보금자리로 나의 선택 없이 자리매김해 버린 상태였다. 그러나 '가정' 다음으로 경험한 또 다른 사회인 '학교'에서 바라보는 나는 '왕국회관'이라는 평범하지 않은 종교에 다니는 학생, 뒤에서 수근대며 손가락질을 당하는 학생, 자퇴를 할지말지를 결정해야 하는 학생이었다.

어머니께 이야기를 했다. 어머니는 나에게 예상대로 자퇴를 하라고 하셨다.

사실 '여호와의 증인' 교인들은 대부분 그들만의 성경 교리를 그대로 실천하려고 노력하며 착하고 성실하게 사는 사람들이라는 생각을 한다.

수혈만 하면 살릴 수 있는데 딸이 죽어 가는 것을 보면서 수혈을 하지 않는 그런 사람들이다.

'피째 먹지 말라'는 구약 성경의 말씀을 그대로 받아들여 수혈을 하지 않고 피가 들어간 음식을 먹지 않는 것을 실천하며 사는 사람들이다. 그러니 어머니의 결정은 너무나 당연한 것이었다.

오랫동안 고민했다. 학교에서 기다려 줄 수 있는 기한이 넘어가고 있었고, 참 많이 힘들었다. 나는 이제는 결정해야 한다는 사실을 피할 수 없었고 난 드디어 결정을 했다.

무엇이 옳은지는 잘 모르겠지만 '나는 내 인생의 결정권을 가지고 내가 살고 싶은 인생을 살아야겠다'고 생각을 했고 드디어 왕국회관에서 나오게 되었다. 중학교를 자퇴하면 내가 하고 싶은 것을 할 수 없고 사회에서 낙오되고 비참한 삶을 살게 되지 않을까? 하는 두려움도 있었다. 담임 선생님을 비롯해서 학교에서는 '정말 현명한 선택을 했다'고 대환영을 하였다.

그러나 집에서 어머니와 언니들에게 큰 근심 덩어리가 되었다. 왕국회관에서도 몇 차례에 걸쳐 실족한 신자를 돌이키려는 시도가 있었다.

결정할 때까지 힘들었지만 나의 결정은 흔들림 없이 확고했다. 그 확고한 모습을 보고 어머니의 좌절은 커져 갔고 많이 안타까워하셨다. 내가 선택하지 않았지만 참 편안한 나만의 성을 뛰쳐나와 혼자가 될 수밖에 없는 상황이 오게 되었다는 것을 알게 되었다.

그때부터 나의 'My Way'가 시작되었고 '방황'이라는 것도 시작이 되었다.

마음이 안정이 되지 않았고 공부할 마음을 점점 놓게 되었고 외로웠고 내 길을 가겠다고 뛰쳐나온 것 같은데 어디로 가야 할지 몰랐다.

3.

나의 방황

    마음의 어려움을 안고 고등학교를 진학했다. 집 가까운 학구가 있었고 서울 중심지에 있는 공동학구가 있었다. 나는 공동학구에 당첨(?)되어 종로구에 있는 덕성여고를 가게 되었다. 나의 이런 비밀(?)을 아는 아이들도 별로 있지 않았고, 자유롭게 여고시절이 시작되었다.

    잘되시던 아버지의 사업도 기울어지고 있었고 어머니도 아버지 사업을 도우시느라 늦게 들어오셨고 집안 분위기도 어두워졌다. 나이 차이가 많은 큰오빠와 언니들은 모두 결혼을 해서 떠나고 오빠 두 분도 사회생활로 바쁘고, 학교 끝나면 나는 불 꺼진 집에 들어가야 했다.

    갑자기 바뀐 이 모든 상황! 그러나 그 모든 상황보다 나에겐 마음속에서 의지했던 정신적인 지주(어머니와 종교)가 무너졌다는 생각이 가장 나를 공허하게 만들었고 그때부터 나의 방황은 시작되었다.

    친구들과 어울리며 집에 늦게 들어갔고, 모범생에 순종하며 행복했던 가정에서의 나의 모습은 어느 순간 반항적이고 불만이 가득한 막내딸로

                                          나는 교장! 나는 사모!

바뀌어 갔다. 당연히 공부도 하기 싫었고, 그렇다고 정말 노는 아이들처럼 그렇게 본격적으로 놀지도 못했다. 그렇게 어정쩡하게 힘든 상태로 여고시절을 방황하며 지냈다.

여고시절 3년을 보내고 집안 사정도 기울어지고 성적도 나오지 않아 거의 중학교 때 실력을 가지고 인천교대를 가게 되었다.

지금은 '경인교대'라 불리는 4년제 교육대학이지만, 그때는 2년제였다. 아무리 내가 공부도 하지 않았고 '집안 살림도 도와 드리자'는 마음에 교대를 갔지만, 내 마음속 깊은 곳에서는 '난 원래 이 학교에 올 아이가 아니야'라는 교만함인지 자격지심인지가 있어서 학교를 우습게 보았고 만족하지 못했다. 결국 수업을 잘 들어가지 않았다. '학마을' 연극부 써클에 빠져서 2년을 연극연습과 공연에 혼신을 쏟았던 것 같다. 가을에 '미추홀' 축제를 할 때 배우로도 공연에 서고, 2학년 땐 조연출도 하고 나중엔 연출도 하면서 연극에 푹 빠져 살았던 것 또한 내 인생에서 잊을 수 없는 추억이다.

그렇게 2년을 보내고 졸업을 하고 나서 발령을 기다리게 되었다.

1년 하고도 5일을 기다려 첫 발령이 났다. 가게 하나가 없는 완전 깡 시골이었다. 그때는 경기도가 개발이 되기 전이기 때문에 비포장도로의 시골이 대부분이었다.

그렇게 나의 방황을 끝내고 사회생활의 시작!
초등학교 교사로의 첫발을 내딛게 되었다.

4.

나의 첫 교직생활

1983년 3월 5일 경기도 소재 시골에 있는 작은 초등학교에서 교사로서 첫 발걸음을 떼게 되었다. 흑석동에서 버스를 타고 노량진역으로 가서 1호선을 타고 수원역에서 내렸다. 수원역 건너편 시외버스터미널에서 버스를 타고 1시간 정도 비포장도로를 달리면 면소재지가 나온다. 그곳에서 하루 4번 있는 버스를 타고 4km를 들어가면 아담한 초등학교가 있다.

시장도 없고 식당도 없고 구멍가게 하나만 있을 뿐이었다. 나는 학교에서 엎어지면 코 닿을 집에서 방 한 칸을 얻고 '자취'라는 걸 난생처음 시작하게 되었다. 내 기억으로는 월세 8,000원을 냈던 것 같다. 말이 자취이지, 매일 라면을 끓여 먹었다. 학교 급식이 없었던 시절이라 점심은 교직원 모두 학교 앞 솜씨 좋은 아주머니께서 푸짐하게 해 주시는 집밥으로 그나마 매식을 할 수 있었다.

5학년을 담임하게 되었다. 그 당시 작은 학교엔 행정실이 없었다. 교사들이 행정실 업무도 모두 해야 했다. 여러 가지 많은 업무들이 나를 기다렸고 교직원 봉급 업무도 있었다. 아무것도 모르는데 3월 5일 발령이 나서 17일에 교직원 모두를 봉급을 주어야 했다. 나의 업무는 봉급을 비롯해 다른 선생님들이 기피하는 모든 업무를 다 맡은 것 같았다.

그때 월급은 봉급을 계산해서 자료를 교육청에 보내면 실제로 현금으로 월급이 왔고 월급봉투에 돈을 세서 넣어 나누어 드리는 방식이었다. 정말 지금 생각하니 호랑이 담배 피던 시절 이야기이다. 첫 월급은 20만 원 정도였던 것으로 기억한다.

5학년 아이들은 동네에서 어려서부터 자라 1학년부터 줄곧 한 반이라 아이들뿐만 아니라 학부모님들도 서로 친척이자 친구이자 이웃이었다. 내 안에는 '열정'이라는 아이콘이 있었다. 나는 많은 것을 한꺼번에 해결하는 멀티플레이어는 아니다. 그러나 뭔가 나의 열정에 불을 붙이는 하나에는 푸~욱 빠지는 성향이 있다. 정말 열심히 아이들을 가르치면서 열정을 쏟았던 것 같다.

그때는 월말마다 월말고사를 보고 학급 평균을 내고 그것을 교사의 평가 기준의 잣대로 삼았던 때였다. 수업도 열심히 하고 아이들과 돌멩이 줍기, 코스모스 길 가꾸기 등 노작활동도 많이 했다. 월말고사를 앞두고 며칠 전부터 시험범위 내에서 정리를 하면서 시험공부를 시켰다. 쪽지시험도 보고 숙제도 많이 내주었다. 지금은 숙제 내주면 아이들과 학부모 모두 싫어하지만 사교육이 없는 시골 학부모님들은 숙제를 하는 모습을 보면서 아이들이 공부를 열심히 한다고 좋아하셨다.

나는 교장! 나는 사모!

그 당시 경기도는 전국에서 교사 수요가 가장 많았다. 그래서인지 전국 교대가 모두 모였다. 우리 학교에도 인천, 전주, 청주, 춘천 등 신규 여교사들이 5명이 있었다. 이 집 저 집(자취방) 다니며 밥도 해 먹고 환경정리 할 때면 밤늦게까지 불 켜놓고 일하고 깜깜한 밤에 무서우니까 큰 소리로 노래 불러 가며 자취방으로 퇴근하던 기억들이 있다. 해가 떨어지면 깜깜한 하늘에 금방이라도 쏟아져 내릴 것 같은 그 밤하늘의 별들 또한 잊을 수 없는 기억으로 메모리되어 있다.

방학 때 여자 동기 선생님 4명이 인제로 가서 내설악으로 올라가 텐트에서 이틀 밤을 자면서 대청봉을 넘어 외설악으로 2박 3일 함께 했던 즐거웠던 추억! 그 내설악의 맑디맑은 계곡 물과 파아란 하늘과 새빠알간 단풍잎, 샛노오란 은행잎을 잊을 수가 없다. 너무나 깨끗하고 맑고 선명하고 아름다웠다.

그렇게 여러 가지 업무들을 배우며 아이들을 열정적으로 가르치며 나의 첫 교직생활은 시작되었다.

교직생활의 첫 제자들인 5학년 아이들을 6학년까지 연임하여 담임을 하게 되었고, 2년이나 담임을 한 아이들은 내 교직생활 중 처음이자 마지막이었다. 그때 내 나이는 23세! 그 아이들은 12세! 그 아이들은 하늘같은 선생님이라 생각했겠지만, 11살 차이! 그 아이들도 지금 50의 나이가 되었다. 2000년 반장했던 제자와 생글생글 웃는 모습이 귀여웠던 제자가 내가 살고 있었던 서대문까지 찾아왔다. 두 제자는 공무원과 박사학위를 취득하고 유수한 기업에 다니며 사회의 역군이 되어 있었다. 연대 앞에서 만나서 밥 먹으며 사회에서 당당한 일꾼으로 성장한 모습을 보고 참 기뻤다. 지금도 동창회로 잘 모인다고 한다. 시골 아이들이지만 참 똑똑했고 순수했던 걸 기억한다.

선생님이 되고 첫 소풍을 학구 내에 있는 한 동네로 갔다. 아름다운 솔밭이 있었다. 전교생이 모두 함께 한 장소로 가는 것이다. 솔밭에 짐을 풀고 게임도 하고 단체 사진도 찍고 나서 아이들 점심 먹으라고 자리를 잡아 주고 있는데, 멀리서 어머님들이 큰 상, 소쿠리 등을 머리에 이고 줄지어 오시는 것이 아닌가? 저 모습은 뭘까? 난 참 의아했다. 알고 보니, 소풍 장소가 어느 동네로 정해지면 그 동네에 있는 어머님들이 음식을 해서 선생님들 점심을 가져온다는 것이다. 와~ 너무 놀랐다. 솔밭에 상을 펴고 잔치 수준으로 한 상을 차려 주셨다. 잘 먹고 감사의 인사를 드리고 아이들과 수건돌리기, 보물찾기 등 즐겁고 행복한 시간으로 함께 했다.

그때는 가정방문을 했다. 내가 학구 내 동네 길을 모르니까 한 아이가 나를 어느 동네로 데려가 집집마다 안내해 주고 다음 동네로 안내해 주면 다음 동네 아이들이 입구에 나와 있다. 그렇게 집집마다 가정방문을 하면 모르는 사정도 알게 되고 부모님, 조부모님을 뵐 수 있어서 좋았다.

어느 동네로 갔는데 그 동네 아이들이 모두 마중을 나왔다. 함께 그 동네를 돌고 집으로 오려고 하는데 아이들이 검은 봉지를 하나 건네며 선생님이 우리 동네 오신 기념으로 드리는 선물이라고 한다. 보니까 논우렁

나는 교장! 나는 사모!

을 직접 잡아서 주는 것이다. 순수했던 그 아이들의 눈망울을 잊을 수가 없다. 얼마나 감동이던지~~ 자취방에 와서 물을 끓여 삶아 고추장을 찍어 먹어 보니, 그 아이들이 왜 선물이라고 주었는지 알 것 같았다. 그 맛 또한 내가 생전 처음 먹어 본 너무 싱싱한 맛난 맛이었다. 자연산 논우렁이었으니까! 선물을 주는 것은 마음을 주는 것이다. 그때 제자 중 한 녀석이 경기도교육청에서 근무한다고 반가운 연락을 하기도 한다. 살아가면서 사람이 참 소중한 것이라는 걸 깨달아 가는 것 같다.

그렇게 초임 학교에서 3년을 근무하면서 사실은 개인적으로는 답답하기도 했다. 서울에서 나고 자란 내가 시골에 있으려니~ 하루빨리 집에서 조금이라도 가까운 곳으로 가야겠다는 생각이 들고 해서 결국 3년 만에 내신을 내고 다른 학교로 전출을 가게 되었다.

5.

결혼생활이 시작되고

남편과의 만남

초임지를 떠나 집에서 조금 가까운 안산시에 있는 학교로 전입을 해서 6학년을 담임하게 되었다. 아이들이 참 활기차고 열정 있고 똑똑했다. 그런데 6학년 동 학년 여자 선생님이 나에게 누구를 소개한다고 한다. 처음엔 그냥 지나쳐서 듣다가 몇 달이 지나서 제안을 받아들여 소개를 받겠다고 했다. 알고 보니 그 선생님의 동생이라고 한다. 그 말을 듣는 순간 불편했다. 잘된다는 보장도 없는데 괜히 동 학년에서 불편한 관계가 될 수도 있다는 부담감이 왔지만 이미 본다고 했기 때문에 약속을 잡았다.

시청의 조선호텔에서 약속을 잡고 토요일에 나갔는데 그 선생님의 동생이 나오질 않았다. '참! 어이가 없다'고 생각하고 월요일에 학교를 갔더니 시청에 있는 코리아나 호텔에서 기다렸다고 한다. 지금도 누구의 잘못인지 모른다. 조선호텔이라 말하고 본인은 코리아나 호텔에 있었던 것인지, 아니면 전달과정에서 어긋난 것인지.

마지막으로 한 번만 약속을 잡자고 옆 반 선생님이 제안을 해서 한 번 더 조선호텔 커피숍에서 만났다. 키가 작고 까만 피부에 그리 잘생기지 않은 사람이 앉아 있었다. 자기 동생이라고 할 때부터 기분이 좋지 않았는데 역시나! 이렇게 생각하고 친절하게 대해 주고 잘 거절해야겠다고 생각했다. 그런데 내일 다시 만나자고 하는 것이다. 그래도 옆 반 선생님 동생인데 첫날부터 거절하기가 그래서 그다음 날 다시 만났다. 그런데 바로 다음 날 또 만나자는 것이다.

'아! 심각하구나!' 생각하고 알았다고 하고 그다음 날 바람을 맞췄다. 그랬더니 집 앞에 와서 한 번만 만날 일이 있다고 기다리고 있다고 하는 것이다. 나갔더니, 반지 하나를 샀다고 건넨다. 받을 수 없다고 하니까 자기가 나를 생각하며 산 것이라 다른 사람 주기도 그렇고 하니 쓰레기통에 버리는 기분으로 주겠다고 한다. 어찌어찌 그래서 받아 왔다. 그리고 열흘 정도 시간을 달라고 했다. 26살! 나는 내 생각이 많고 내 주장이 강한 성격이라 나를 존중해 주고 지지해 주는 사람도 괜찮겠다는 생각을 했다. 처음 만났을 때 '편안하다'는 생각은 했다. 그래서 고민하다가 다시 만나기로 하고 만남을 갖고 3개월 만에 약혼을 하고 3개월 만에 결혼을 하게 되었다.

시댁의 좋은 분들

충남 서산에서 시아버님은 초등학교 교장선생님을 하고 계셨는데 며느리가 초등학교 교사라는 것이 그렇게 좋으셨다고 한다. 인사를 드리러 갔더니 처음 묻는 말씀이 본이 어디냐고 물으신다. '덕수 이씨'라고 말씀드리니까 '양반 댁이네!' 하시면서 좋아하셨다. 호적이랑 모두 떼어 보시고 호적이 깨끗하시다고 좋아하셨던 것도 기억이 난다. 인자하시면서도 꼼꼼하시고 철두철미하신 분이셨다. 사람들의 관계 속에서 도리를 다하며 실수가 없으셨던 분이셨다. 큰며느리에 대한 관심과 애정이 각별하셨다. 그것은 아마 시부모님을 모셔 줄 사람이고 제사를 모셔줄 사람이란 생각을 하셔서 그런 것이 아니었을까? 싶다.

처음 인사드리러 간 날, 시어머님이 밥을 차려 주셨는데 얼마나 맛이 있는지~ 그 맛을 잊을 수가 없다. 지금까지 시어머님만큼 맛있게 밥을 해 주시는 분이 없다고 생각한다.

남편은 2남 2녀의 장남이었다. 시댁 식구들은 정이 있고 사람들이 모두 좋았다. 쾌활하고 우애 있고 열심히 살아가는 사람들이었다. 밥도 안 해 보고 시집간 나는 시누이들이 요리부터 육아, 집안일 등 못 하는 일이 없고 체력이 지치지 않은 것을 보고 놀라웠다.

결혼생활이 시작되고

많은 사람들의 축복 속에서 결혼식을 하였고 나의 제2의 인생이 시작되었다. 남편이 장남이라서 부모님들께서 다른 자녀보다 각별히 신경 쓰시면서 키우셨다고 한다. 초등학교 5학년 때 대전으로 유학(?)을 보내고 주머니에 돈 떨어지지 않게 뒷바라지를 잘해 주시고 사랑을 듬뿍 주시면서 키우셨다고 한다. 남편의 넉넉한 인품이 부모님께로부터 오지 않았나 싶다.

남편은 대기업 투자관리부에서 펀드매니저를 했다. 회사 자산을 운용하는 업무를 맡았다. 그러면서 개인 돈도 주식에 투자해서 적지 않은 돈을 가지고 있었다. 시댁에서 집도 사 주신 터라 부족함 없는 풍족한 결혼 생활이 시작되었다. 26살에 결혼하여 딸과 아들을 낳고 29살이 되었을 때 서울과 광명에 한 채씩 아파트를 갖고 있었고, 남편은 승진도 순조로 웠다. 딸과 아들 남한테 키우며 학교 다니는 것이 힘들었을 뿐 아무 문제 없이 순풍에 돛단배처럼 인생 항해를 하고 있었다. '이렇게 계속 가다가 갑부가 되는 것 아냐?' 그런 생각이 들었다. 지금 생각하면 이미 갑부였는데~~

내 성격의 치부 1

그런데 이상하게 '이 행복이 사라지면 어떡하지?' 이런 불안감이 있었고, 그러면서도 내게 있는 모든 풍요가 당연한 것이라는 생각을 했고 그에 대한 '감사'가 없었다. 베풀 줄도 모르고 나에게 있는 것으로 우리 가족만 잘 먹고 잘살면 된다고 생각했다. 남한테 피해 주기도 싫고 남을 도와 주기도 싫었다. 나의 이런 인색함 또는 내 마음에 뭔가 원칙이 있어서 그것에 딱딱 맞지 않으면 못 견디는 성격으로 인해 건조한 삶을 만들어 가고 있었다. 이것이 나의 치부이지만 바꾸기 힘든 부분이기도 하다.

어느 날부터 그렇게 좋았던 시댁 식구들로 인한 감사가 나오지 않았다.

말이 많고 직선적인 시댁 식구들이 참 부담스럽고 서울에서 자유롭게 부잣집 막둥이로 자라난 나는 격식을 따지고 인간의 도리를 따지는 시댁 식구들이 참 불편한 존재였던 것 같다. 맞벌이 하면서 연년생 낳아 열심히 키우고 있는데 고맙게 생각하지는 못할망정 '잘하네, 못하네' 하면서 입방아를 찧어대는 시댁 식구들에 대해 내 마음은 차갑게 식어 갔다. 시댁 식구들은 시골 장남의 부인 즉 맏며느리에 대한 기대가 컸던 것 같았고 나는 맞벌이 하며 고스란히 남한테 아이들 키우며 살아가는 것 자체도 사실은 힘들고 버거운 상태인데 무엇을 더 원하는가? 하는 생각을 하게 되었다. 실질적인 도움을 주지 못할 상황이면 적어도 기다려 주고 응원을 해줘야 맞지 않을까?

내 성격의 치부 2

나의 치부가 또 나온다. 그것은 내가 마음에 맞지 않는다고 생각하면 차갑게 관계를 끊어 버리는 성격이 있다. 어릴 때, 학생 때는 몰랐다. 사회생활 하고 결혼생활을 하고 자꾸 복잡한 관계에 얽히면서 어디선가 내 안에서 그런 성격이 나오는 것이다. 나도 나를 어찌할 수 없는 타고난 성격이란 생각이 든다. 반면 따뜻한 면이 없는 것은 아니다. 내가 마음이 가는 사람에게는 최선을 다한다. 바보스러울 정도로. 나의 마음을 다른 사람이 모두 알도록 나타나게 행동한다. 지혜롭지 못하고 어리석은 부분이다. 그러니 사회생활에서 이득을 취하기가 어렵고 삐걱거리는 것이다. 성품이 바뀌는 것은 정말 쉬운 것이 아닌 것 같다.

육아의 힘듦

    딸을 낳고 연년생으로 아들을 낳았다. 연년생이 얼마나 힘든 것인지도 모르고 말이다.

    학교를 다니면서 남한테 고스란히 아이들을 맡기면서 육아를 하는 것이 많이 힘들었다. 아들이 14개월 때까지 밤에 잠을 자지 않아 아들을 서서 안고 새벽 4시까지 거의 매일 밤을 새웠다. 체력은 달리고 몸은 아픈데 아플 수도 없다. 낮이고 밤이고 육아에 시달리고 매일 아침이 되면 아이들을 맡기고 학교를 가야 하는 상황인데 남편은 회사에서 일과 회식 등으로 밤늦게 들어왔다. 친정어머니께는 새언니들이 맞벌이를 하는 터라 육아에 대한 부탁의 말을 꺼낼 수도 없는 상황이었다. 시어머님은 몸도 편찮으시고 멀리 떨어져 계셨다.

    그때는 육아휴직이 없었다. 나도 아이들도 너무 힘들어서 학교를 그만두려고 했는데 시아버님이 말리신다. 한 번 그만두면 영영 교사를 못 할 것이라 생각하신 것 같다. 내가 교직에 있는 것을 그렇게 좋아하셨기 때문에 그냥 다녔으면 하셨다. 사실은 그때 사직을 했어도 아이들 좀 키우고 오히려 서울이나 경기도로 들어갈 수 있는 기회가 있었는데~~ 그렇게 남한테 연년생 둘을 맡기면서 힘겹게 육아와 살림과 직장생활을 이어 갔다.

    남편의 밤늦은 귀가로 거의 독박 육아와 모든 것을 내가 책임져야 하는 상황이 되어 가고 있었다.

남편에게 돈은 많았지만 자산을 관리하여 불리려는 계획이 있어 내게
는 생활비만 주었다. 남편이 편안하고 좋은 사람이라고 생각했는데 적어
도 남한테는 그런 것 같은데 가족을 돌보는 것은 밖에서만 못하지 않나
싶은 생각이 든다.

나는 지쳐 갔다.

내 안에 기쁨이 없었다. 그렇게 아이들은 커 가고 시간이 흘러가고 있
었다.

6.

남편의 어려움과 함께 찾아온
전도의 손길

남편에게 찾아온 어려움

예기치 않게 남편의 직장에서 직속 상사가 회삿돈 수십억 원을 횡령한 사건이 일어났다. 그런데 그 상사는 공교롭게도 뇌출혈로 쓰러져 말을 못 하고 중환자실에 입원을 하게 되어 남편의 결백을 입증해 줄 수도 없는 상황이 되었다. 밤새 취조도 당하고 힘든 시간을 보내고 나서야 결백을 인정받을 수가 있었다.

지친 상태에서 회사에 사표를 내고 증권회사를 취업하려고 시도하였다. 남편이 펀드매니저였기 때문에 증권회사의 큰 고객이었고, 증권회사 입사는 '식은 죽 먹기'라고 생각했다. 그런데 이상하게 순조롭지 않았다. 그래도 직장만 잃었을 뿐 부동산과 현금을 가지고 있었던 터라 남편은 사업을 해 보기로 마음을 먹었다. 다양한 종류의 사업을 알아보고 아이스크림 체인점을 내 볼까도 생각해 보는데 이상하게 진전이 없는 것이다. 물론 나도 반대를 했다. 장사나 사업의 경험이 전무하니 종업원부터 하면서 경험을 쌓기를 바랐다.

남편의 일로 스트레스를 많이 받았나 보다. 항상 체력이 달리고 피곤을 느끼는지라 등에 뭐만 닿으면 잠을 자는 잠보인데 밤에 잠이 오질 않는 것이다. 새벽 3~4시에 깨면 출근할 때까지 잠이 오질 않는다. 비디오도 보고 책도 보고 밀린 일도 해 보지만 괴롭기만 하고 잠이 오질 않는 것이다. 그러기를 여러 날이 지나고 학교 선생님들도 모두들 알게 되었다.

광명에 있는 초등학교를 다니고 있었는데 교회를 다니는 선생님들끼리 모여서 신우회를 하고 있었다. 화장실에 성경말씀을 코팅해서 붙여놓기도 했다. 나는 '종교는 자유니까 일요일에 교회를 다니면 될 일인데 직장에 와서 유난을 떤다'고 비판을 하며 핍박을 했던 터였다.

그런데 그중 교대 동기 친구 한 명이 신우회에 기도제목을 내놓고 나를 위해 기도하고 있었던 것 같다. 나에게 안이숙 사모님의 《죽으면 죽으리라》《죽으면 살리라》책 선물을 하기도 했다. 그 친구가 장로님인 교감선생님께 '요즘 희열이가 잠을 못 잔다'는 이야기를 했고 장로님은 지금 당장 심방해야 한다고 해서서 갑자기 친구와 함께 저녁 8시에 집으로 쳐들어 오셨다.

'차 한 잔 드시고 가시겠지?'라고 생각했는데 장로님은 길고 진지하게 말씀을 이어 가셨다.

"선생님! 이 어려움은 교회 나오라는 하나님의 부르심의 사인입니다. 지금 순종하지 않으면 더 큰 어려움이 와요! 바로 순종하고 교회 나가세요!"

나는 교장! 나는 사모!

그러시면서 기도해 드리겠다고 하셨다. 기도가 시작되었는데 기도가 끝이 나질 않는 것이다. 남편과 나는 실눈을 뜨고 눈짓을 하며 언제 끝나냐고 얼굴을 찡그리며 울상이 되었지만 끝까지 참을 수밖에 없었다. 기도 내용은 하나도 생각이 안 난다. 과연 20여 분 지났을까? 싶은데 어쨌든 엄청나게 길었던 것만 생각난다. 드디어 그 기도가 끝나고 두 분은 가셨다. 가신 뒤에 우리는 이게 무슨 일이냐? 하면서 이제 해방되었다 싶었고 바로 깨끗하게 잊어버리고 일상으로 돌아갔다.

일요일 아침 8시에 집 전화기로 전화가 한통 걸려왔다.

'아니! 이런 무식한 사람이 있나? 일요일 아침 일찍 누가 전화를 해?'

그러고서 전화를 받는데 교감선생님인 장로님이시다.

"이희열 선생님! 오늘 주일인데 교회에 가 보셔요. 11시에 예배드려요!" 하는 것이다.

"네~네~" 하고 전화를 끊고

"교감선생님이 예의가 너무 없으시네~~! 아휴~~!!" 전화를 끊고 다시 푹 잠을 잤다.

토요일은 언제나 저녁 늦게까지 비디오 보고 거의 새벽에서나 자고 일요일엔 늦게 일어나 아침 겸 점심을 먹었던 것 같다. 그렇게 잊어버리고 일주일을 보냈다.

다음 주 일요일 8시에 또 전화가 온다. 잠결에 받았더니 아니나 다를까? 장로님이시다. 또 똑같은 말씀이다. 지난주에 교회 갔냐고 물으셔서 그렇다고 거짓말을 했다. 그리고 또 잊어버렸다. 그런데 일요일마다 끝없이 나에게 똑같은 시간에 전화를 하셔서 똑같은 이야기를 하셨고 나는 계속 거짓말을 하기를 몇 달을 했을까? 나중엔 이런 생각이 들었다.

'그래도 내가 선생님인데 어른한테 거짓말만 계속하면 되나? 한 번은 약속을 지키리라! 그리고 절대 교회는 안 맞으니 못 가겠다고 해야지!!!'

나는 교장! 나는 사모!

7.

교회 간 첫날 만난 성령님

주일 아침! 드디어 집 앞에 있는 교회를 갔다. 11시에 맞춰서! 본당에 들어서니 안내하시는 분이 자리를 안내하고 성경을 갖다주곤 한다. 새로운 인물이 주일예배에 자기 발로 걸어 들어왔으니 그렇지 않겠는가?

찬양을 30분 정도 하는 것 같았다. 계속 찬양을 부르는데 나만 뻘쭘하게 앉아 있기도 뭐하고 곡조 악보도 쉬운 것 같아 따라 불렀다. 그런데 그때였다. 내 눈에서 눈물이 하염없이 흘러내리는 것이다. 주체할 수가 없었다. 아는 사람도 없고, 그냥 계속 주룩주룩 눈물을 흘렸다. 왜 그렇게도 많은 눈물을 흘렸는지 나도 모른다.

찬양이 끝난 후 목사님 설교가 시작되었다. 나는 평소에 목사는 사기꾼이라고 비판했던 사람이다. 그런데 목사님 말씀이 내 마음속으로 거부감 없이 들어오는 것이다. 그리고 마음이 평안해진 것을 느꼈다.

나중에 알고 보니 찬양 가운데 성령체험을 한 것이다.

마음이 편안해지니 이제 가지 말라고 해도 스스로 교회를 가는 것이다. 어느 날 새벽 4시쯤 깨워 주셨다. 잠이 오지 않아서 아파트 복도에 나갔는데 그날따라 유난히 교회 십자가가 크게 다가와 보였다.

'새벽기도를 5시에 한다는데 잠도 안 오는데 가 볼까?' 하고 새벽기도를 어떻게 하는지도 모르고 무작정 교회를 갔다. 알고 보니 새벽기도는 예배와 똑같이 하는데 나중에 불만 꺼 주고 음악을 틀어주며 개인기도를 하는 것이다. 나도 기도했다. 그렇게 교회등록도 안 하고 복음이 무엇인지 예수님이 누구인지도 모르고 혼자서 주일예배 가고 새벽기도를 가고 그러면서 기도하면 꿈으로 응답해 주시는 체험도 하게 된다.

집 앞에 있는 교회를 다니고 있는데 우연히 길에서 한 선생님을 만나게 된다. 신우회를 열심히 했던 선생님인데 남편이 미국에 공부하러 갔다가 학위 받고 얼마 전에 들어왔다고 한다. 내가 교회를 다니고 있다고 하니 너무 놀라면서 예전에 자기가 '누구를 먼저 전도할까?' 생각하다가 잘 생각이 안 나서 거꾸로 '누구를 전도하기가 가장 어려울까?'를 생각했더니 첫 번째로 떠오른 인물이 이희열이었다면서 어떻게 이런 일이 있냐고? 많이 놀라셨다. 그때 나는 부족함이 없을 때였고 멋만 엄청 부리고 다니고 교만해서 찬바람이 쌩쌩 불던 때였다. 더구나 교회 다니는 사람들에 대해 비판적이었으니 그도 그럴 것 같았다.

하나님께서 행하시는 일은 놀랍다.

자기는 광명에 있는 침례교회를 다니는데 혼자 다니지 말고 남편과 함께 넷이서 신앙생활을 해 보자는 것이다. 초신자였을 때는 누군가 도와줘야 한다면서.

그 침례교회로 인도하신 것도 나중에 알고 보니 하나님의 섭리가 있었다.

8.

남편 전도

광명에 있는 침례교회로 남편을 인도했고 함께 신앙생활을 시작하였다.

남편은 기다렸다는 듯이 바로 교회에 함께 출석하겠다고 한다. 나중에 물어보니 '가정의 평화'(?)를 위해 내 권면에 바로 응했다고 한다.

처음 간 교회와는 분위기가 사뭇 달랐다. 남자 집사님들은 축구팀, 등산팀 등이 있어서 교제가 활발하고 친절하고 사랑이 많고 잘 먹고 섬김이 많았다. 성도님들이 300여 명 되었는데 새벽기도에는 가 보면 10명도 안 되는 인원이 앉아 있었다. 이미 난 성령체험을 하고 기도응답을 받으면서 영적 체험에 대한 기쁨이 있는 상태였기에 인간적으로는 좋은 분위기였으나 영적으로는 갈급함이 있었다.

남편은 어린 시절 시골에서 외가와 친가 친척들이 한 동네에 어우러져 살았고 가족적인 농촌마을에서 자라나서, 마치 고향에 온 듯 가족적인 분위기인 교회에 금방 적응하고 집사님들과 잘 어울리며 행복하게 지내는 것 같았다. 다행이라는 생각을 했다. 성경공부를 단계별로 마치고 남편과 함께 침례를 받고 주일학교 교사로 봉사를 시작하면서 새벽기도를 하고 모든 공예배를 드리면서 열심히 신앙생활을 했다.

성품이 좋은 남편은 성도님들과 잘 어울리면서 주일학교 차량봉사 등 전면에 나서지 않으면서 뒤에서 교회의 필요를 채워주는 역할을 했다. 그러나 교회는 주일만 참석했다. 딸과 아들도 주일학교를 다녔다.

그렇게 온 가족의 신앙생활이 시작되었다.

9.

신앙생활 여정에서 만난 나를
견인하시는 하나님

그렇게 전적인 하나님의 뜻으로 하나님을 알지도 못하고 알고 싶다는 생각도 없는 내게 찾아와 만나주시고 견인하여 쉼 없이 뒤도 옆도 돌아보지도 않게 하시면서 기도의 자리로, 말씀의 자리로, 예배의 자리로 인도하셨다. 주변에서는 모두들 갑자기 내가 교회에 미쳤다고 했다.

왜 그러셨을까? 전지전능하신 하나님! 창조주 하나님! 구세주 예수님께서! 없는 것에서 있는 것으로 부르시고 죽은 자도 살리시는 예수님께서! 말씀 하나로 천지를 창조하신 위대하신 예수님께서!

난 그 이유는 몰랐다.
하나님의 섭리는 어떨 때 아주 오랜 시간이 지나가야만 퍼즐이 맞춰지듯이 맞춰질 때가 있다는 것도 그때는 몰랐다.

어쨌든 나는 성경일독을 하면서 매일 QT를 했다. 교회를 성실하게 다녔다. 학교에서는 신우회 예배를 드렸다. 가는 곳마다 영적 성장을 도와주는 손길을 만나게 하시고 다양한 체험을 하게 하셨다.

선배 선생님의 인도로 영어성경공부를 하기도 하고, 학교에서 일하면서 기라성 같은 목사님들의 설교를 매일 2편 이상을 들었다.

기도원도 다니게 되었다. 3일 계절방학이나 연속되는 휴일이면 어김없이 금식기도원을 찾아 3일 금식기도를 드렸다. 드릴 때마다 힘들었지만 그때마다 하나님의 응답을 체험했다. 꿈이나 환상이나 음성이나 성경말씀 등으로 응답을 받기 시작했다.

본교회에서 금요철야예배가 끝나면 본교회에서 가까운 기도원으로 건너가서 철야기도를 드렸다. 목요일과 금요일 밤에 철야기도가 있었다. 밤 11시에 시작하는데 쉬는 시간도 주지 않고 찬양하다 기도하다 말씀 듣다 이렇게 새벽 4시까지 계속된다. 마룻바닥에 방석을 깔아놓고 무릎을 꿇고 울며불며 기도를 했다. 부르짖기도 하고 엉엉 울기도 하고 방언기도도 하고 어떨 때는 앵무새처럼 기도제목을 정리해 놓은 것을 외워서 또박또박 하나님께 아뢰었다.

성령께서 인도하시는 기도줄을 잡고 하나하나 기도를 해 나갔다. 그러면서 성령의 은사를 많이 받았다. 지식의 은사, 지혜의 은사를 받아 성경을 읽으면 꿀송이처럼 달고 깨달아지는 은혜를 체험하게 하셨다. 계시의 영으로 예언의 은사가 생기고 믿음의 은사를 받게 되어 말씀대로 믿어지는 힘이 생겼다. 사랑의 은사도 받아 예수님을 모르는 사람을 보면 불쌍히 여겨져 복음을 전하게 되었다.

처음으로 한 서원기도

2000년 어느 날! 원종수 권사님의 설교 테이프를 듣고 감동을 받아 하나님께 서원을 한다. 나는 그때 서원이 무엇인지도 몰랐다.

"하나님! 제가 평생 하나님께 새벽의 제단을 드리겠습니다. 남편과 저와 딸, 아들 후손 만대까지 믿음의 가문, 명문 가문을 이루게 하옵소서~~!!"

나중에 서원이란 정확한 뜻을 알고는 후회했으나 이미 때는 늦었다. 그러나 그렇지 않아도 기도하지 않았을까? 마음속에 소원을 두고 행하시는 예수님의 은혜라 생각한다.

그러다가 어차피 새벽의 제단을 쌓을 것이면 일천번제 제단을 쌓아야겠다는 소원이 생겼다. 기도로 준비하다가 2004년 6월 4일 일천번제를 처음 시작하여 2007년 2월 28일까지 마쳤다. 하나님의 은혜였다. 매일 1000일 동안 일정 헌금을 드리며 새벽의 제단을 쌓는 것인데 일천번제의 기도제목은 오로지 **'후손만대까지 믿음의 가문, 명문가문을 이루는 것'**이었다.

친정이나 시댁에서 믿음의 유산, 기도의 유산이 없었던 터라 대대손손 믿음의 가문을 보면 얼마나 부럽던지! 첫 대의 믿음이지만 한 명도 낙오되지 아니하며 오직 예수님만 섬기는 후손만대가 되는 것이 나의 최고의 소원이었다. 그 기도제목으로 일천번제 기도를 드렸다.

나는 교장! 나는 사모!

처음으로 본 환상

광명에서 서대문에 있는 아파트로 이사해서 살 때 광명까지 새벽기도를 갈 수 없어서 가까이에 있는 교회에서 1년 동안 매일 3시간 이상씩 기도한 적이 있었다. 방언의 은사를 받고 기도줄을 잡고 많이 깊이 기도를 했던 것 같다.

1년이 지난 후 처음으로 환상이라는 것을 보게 되었다. 겨울방학이라 아이들 돌보면서 낮에 집에 있는데 분명히 눈을 뜨고 있는데 *딸 침대에 남편이 용포를 입고 누워 있는 것*이다. 다시 보면 실제로는 없는데 보이는 것이다. 너무 선명해서 잊을 수가 없다.

하나님께서 주시는 꿈도 환상도 도저히 잊을 수가 없다. 아무리 오랜 시간이 지나도 선명하고 또렷이 기억이 된다. 기억하려고 애쓰지 않아도. 그리고는 두어 시간 지났을까? 두 번째 환상은 *남편이 통창이 큰 좋은 건물의 한 사무실 같은 곳에서 좋은 양복을 입고 책상에 있는 노트북을 보며 앉아 있는 모습*을 보여 주셨다. 그 방문을 열고 나가면 사람들이 많이 있는 모습도 보여 주셨다.

분명히 환상은 보았는데 해석이 문제이다. 대개는 하나님께서 바로 해석도 주시는데 그렇지 않은 경우도 있다. 시간이 많이 지나서야 그 뜻을 깨달을 때도 있다.

어쨌든 그때 나는 남편이 왕과 같이 사장이나 회장이 되고 그래서 좋은 큰 건물의 큰 사장실에서 좋은 양복을 입고 노트북을 보며 업무를 보고 있는 모습을 보여 주셨구나!!! 드디어 하나님께서 응답하셨네!! 하면서 쾌재를 불렀다.

2002년 1월이었다.

나는 교장! 나는 사모!

10.

신앙생활과 함께 찾아온 가정경제의 몰락

그렇게 성령체험을 하며 희망적인 예언의 환상을 보며 신앙생활을 열심히 하고 있던 중 갑자기 큰 어려움이 찾아왔다.

남편은 대기업에서 함께 있었던 친구와 함께 투자자문회사를 세우게 되었다. 작은 증권회사 같은 것이다. 주식투자와 벤처기업 투자 등 개인의 자산을 관리해 주는 회사였다. 하나님께서 원하시는 곳인지는 모르겠지만 남편이 결정한 것이고 내가 학교밖에 모르는 상황에서 반대도 할 수 없었지만 마음은 편치 않았다. 증권회사 직원들과도 어울리는 것 같고 자세한 이야기는 하지 않으나 일주일에 골프를 치러 필드에 몇 번을 나가기도 했다.

신앙생활을 시작한 지 3년 정도 지났을 때 드디어 큰 사건을 맞닥뜨리게 된다. 회사에서 자산을 운용하는 것 외에 개인 돈도 주식과 벤처기업에 투자를 했다.

시장이 급락하면서 주식에서도 손해를 많이 보았지만 비상장 주식에 많은 돈을 투자했던 모양이었다. 그 당시 정부에서 벤처기업을 많이 육성하였는데 벤처기업이 성장해서 코스닥에 상장이 되면 투자자들이 10배 혹은 많게는 100배의 수익을 얻게도 되었다. 남편도 벤처기업에 분산해서 투자를 많이 하게 되었다. 그런데 크게 투자한 기업이 망(?)하게 되어 투자금이 휴지조각이 된 것이다. 결국 집 2채와 수익의 현금을 모두 날리게 된 것이다.

한 번도 집이 없었던 적이 없었는데 졸지에 집도 없는 거지가 되어 버렸다. 시부모님께서 사 주신 집은 물론 벌어서 산 집까지. 남편이 번 돈뿐만 아니라 내가 딸과 아들을 남한테 맡기면서 힘들게 벌었던 돈까지도 모두 없앤 것이다. 나에게 상의 한마디 없이! 결혼해서 얼마 안 되어 포니 중고차를 사서 집에 끌고 올 때부터 나에게 상의 한마디가 없었다. 나는 전혀 알지 못했던 상황 속에서 갑자기 불어닥친 폭풍우였다.

그때는 2002년 2월!

모든 인간적인 생각을 다 내려놓는다 해도 목숨 걸고 하나님께 기도했던 것은 무엇이란 말인가? 남편을 사장이나 회장 만들어 달라고 기도했고 한 달 전 1월에 보여 주신 용포를 입은 남편의 환상은 무엇이었단 말인가? 기도하면 하나님은 자녀에게 좋은 것으로 주신다 성경말씀에 약속하시지 않았나? 이것이 좋은 것이란 말인가?

무엇보다 하나님께 울며불며 기도로 매달렸지만 지옥 같은 상황은 변하지 않았고 더구나 신음소리에도 응답하시고 기도하면 꿈과 환상과 음성과 말씀으로 응답하셨던 하나님은 지금 이 상황에서 잠잠하셨다. 하나님께서 이 상황은 무엇 때문에 일어난 것이고 너가 견뎌야 할 부분은 이것이고 설명만 해 주셔도 난 어떤 어려움이라도 견디고 목숨마저도 아끼지 않고 드릴 수 있다고 생각했는데 나의 고난 앞에서 침묵하시는 처음 경험하는 하나님을 나는 견뎌내기가 힘들었다. 현실의 상황보다도 아무 말씀도 없으신 하나님으로 인해 많이 힘들었다.

드디어 난 하나님을 떠나기로 했다. 그런데 아무리 결심을 해도 돌아갈 곳이 없었다. 하나님은 나에게 마지막 보루였다. 어려서 '여호와의 증인'을 나오기를 어렵게 결심했던 일! 살아 계신 예수님을 만난 후 세상에서 즐거웠던 모든 것이 하나도 재미가 없어지면서 예수님께 푹 빠져 예수님 믿는 것에만 올인했던 순간순간을 떠올리며 눈물만 하염없이 흘렸다. 아무리 부인하고 부인하려고 해도 나의 구원주이신 하나님이자 예수님이고 성령님이신 삼위일체 하나님은 시퍼렇게 살아 계신 것이다. 절망 가운데 빠져 있는 나에게 말씀 안 하실 뿐이지~~~!!

What shall I do?

나는 어떤 일을 할 때 계획을 하고 성실하게 노력을 하는데 생각대로 결과가 나오지 않으면 '그럴 수도 있지!'가 아니라 그것을 못 견뎌하는 성격이다. 처음에 계획해서 마음먹은 것이 중간에 변경되는 것도 못 견뎌하는 성격이다. 그런데 이렇게 이해할 수 없는 엄청난 사건을 마주하니 어찌할 바를 모를 수밖에 없는 것은 당연한 게 아니었을까?

어쨌든 난 살아 계신 하나님! 내가 만난 하나님을 포기할 수 없었고 마음은 만신창이가 되면서도 매일매일의 일상을 살아냈다. 학교생활과 교회에서의 공예배와 봉사와 말씀과 기도생활 등!

　학교에서는 교직원들이 내게 일어난 엄청난 일을 알지도 못했고 그것을 눈치도 못 챌 정도로 나는 밝고 파워풀하게 학교생활을 해 나갔다. 그러나 1년여가 지나면서 몸이 말하기 시작했다.

11.

몸으로 체험하는 하나님

감기가 왔는데, 피곤하니까 그렇겠지? 했는데 병원에 가서 주사 맞고 약을 먹고 해도 낫지를 않는다. 방학하고 좀 쉬면 괜찮겠지? 하고 1주일 정도를 무위도식 할 정도로 쉬고 있는데도 낫지를 않는다. 그때 내 몸 속에 무엇인가가 있다는 두려움이 밀려왔다.

폐결핵에 걸린 것이다. 못 먹고 못살 때 걸리는 폐결핵이 나에게~~?

아무리 아닌 척하고 강하게 이겨 내는 것 같았어도 그 속상한 마음을 어찌할 도리가 없었던 것 같다. 새벽기도를 가서 눈물 콧물 다 쏟으며 하나님께 속상하고 억울함을 토해놓으면 속이 시원해지고 평안해져서 그 힘으로 학교에 가서 씩씩하게 생활하다가 집에 들어가면 피곤하니 지쳐 떨어져 자고 또 다시 새벽기도에 가서 힘을 얻고 그렇게 매일매일을 버텼지만, 내 마음속 깊숙이 벼랑에서 낭떠러지로 떨어진 것 같은 그 느낌을 떨쳐버릴 수가 없었고 점점 밥맛도 없고 그러면서 병이 깊어진 것이다.

치료약이 몸에 맞지 않아 토하고 하면서 병원에 입원을 해서 나에게 맞는 항생제를 찾아냈다. 집에서 근육주사를 맞고 약을 먹으며 그렇게 10 개월이 지나고 나서 완치가 되었다.

돈이 없어지면서 그냥 날아가지 않고 몸과 마음을 치면서 사라진 것이다. 그런데 돈이 날아간 아픔보다 사실 몸이 아픈 것이 난 더 힘들었던 것 같다.

하나님께 기도하며 울기만 했겠는가? 원망도 많이 하고 협박도 했다. 그러다가 하나님이 두려우니 바로 회개하고 울고불고~!!! 누구라도 그 광경을 본다면 미친 여자가 따로 있겠는가?

그런데 몸이 아파 기운이 없으니 그 모든 걸 할 수가 없었다. 몸이 너무 괴로우니 몸만 나으면 다 괜찮을 것 같았고 하나님께 원망을 하려 해도 기운이 없어서 할 수가 없었다.

하나님이 하도 내가 날뛰니까 한 대 후려쳐서(?) 고꾸라져 쉴 수밖에 없는 상황을 만드신 것 같다는 생각이 들기도 했다.
42살! 폐결핵을 필두로 몸이 아프기 시작했다.

그다음 해엔 몸 안에 있는 큰 혹 때문에 대수술을 받게 되었다. 그러면서 몸이 전체적으로 Before와 After가 확연히 다른 것처럼 약골이 되어갔다. 얼굴의 보글보글 예쁜 맛도 사라졌다.

그러나, 이것은 시작에 불과했다.

돈도 없지, 건강도 없지! 딸과 아들은 공부를 본격적으로 할 때지!
난 정말 날 구원해 주신 예수님밖에 의지할 곳이 없었다.

그렇지만 나에게 학교라는 직장을 주신 것에 감사할 수 있어야 했는데
그때는 그런 감사가 내게 있지 않았다.

II

'삶의 현장'에서
만난 하나님!

할렐루야!

나를 구원하신 하나님께서 믿음을 주시고 성령의 은사를 주시면서 말씀과 기도로 무장하게 하시더니 나를 삶의 현장에서 군사로서 사용하셨다.

'학교'라는 현장에서 학생들과 학부모들의 아픔을 보게 하시고 복음의 나팔수가 되어 그들의 영혼을 구원하는 도구로 사용하셨다.

학교신우회를 통해 학교를 위해 기도하는 사명 감당하게 하시고 영적 전쟁에서 승리할 수 있게 하셨다. 믿음이 있으신 교직원들을 섬기며 직장 선교사로서의 역할을 감당하게 하셨다.

김포시초중고 연합신우회 총무로 섬기면서 학교 복음화에 일조하도록 하셨다.

'가정'이라는 현장에서 말씀과 기도로 조상 대대로 내려오는 흑암의 세력을 끊고 믿음의 가문을 열게 하시고 남편이 목회자의 길을 가는 길을 기도로 닦게 하시고 수많은 어려움 가운데 남편을 신학대학원에 다닐 수 있도록 뒷바라지를 하는 역할을 하게 하셨다.

딸과 아들의 유학생활과 진로의 혼돈 등의 광야의 시간을 통해 믿음의 가문으로 가는 과정, 즉 돌짝밭을 일구고 땅을 고르게 하고 거름을 주면서 옥토로 바꾸는 작업을 피눈물을 흘리며 감당하게 하셨다.

나는 교장! 나는 사모!

사랑해요! 주님!

'시댁'과의 제사문제로 인한 문제에 당면하며, 오직 '하나님께서 원하시는 것이 무엇인가?' 만을 생각하며 하나님께서 가장 싫어하는 것이 우상 숭배라는 것을 알게 되고 '제사는 귀신에게 하는 것이라'는 사실을 알고 제사를 없애고 제기를 모두 갖다 버리면서 영적 혁명을 선택하게 하셨다. 인간적으로는 마음 아프지만 언젠가 시댁 식구들도 예수님을 구세주로 믿고 영접하기를 위해 기도한다.

나는 삶의 현장에서 피를 철철 흘리면서 핍박과 박해를 받으며 말씀의 검과 기도의 무기로 흑암의 세력을 걷어내고 점진적으로 하나님 나라를 확장해 나가는 데 쓰임을 받고 있었다.

삶의 현장 어디를 가도 우겨쌈을 당하고 여기서도 전쟁! 저기서도 영적 전쟁이었다.

순간순간 힘들었던 것을 어찌 말로 표현할 수 있을까?

오직 기도의 힘으로 버틸 수 있었다. 새벽기도에 가서 눈물, 콧물 다 쏟으며 하나님께 토해 놓고서 말씀 붙들고 기도하다가 방언 기도로 마무리하면 내 속에 있던 상처들이 모두 다 사라지고 어느덧 어디선가 샘솟는 주님께서 주시는 새 힘으로 하루하루를 승리하며 앞으로 나아갈 수가 있었다.

1.

'학교'에서의 신우회 활동

광명시에서 초등학교 교사로 8년 재직하다가 시 만기로 안산시로 가게 되었다. 안산에서 발령난 신설학교에서 부장교사를 하게 되었고 그러면서 '승진을 한번 해 볼까?' 하고 승진에 필요한 벽지점수가 있는 김포로 내신을 내게 되었다. 40세가 다 되어서이다.

김포에 있는 한 초등학교로 발령이 났다. 나는 성령체험을 하며 교회를 열심히 다니고 있었지만 아직은 신앙이 단단하지 않았을 때였다. 그래서 인지 하나님께서 가는 곳마다 믿음의 사람들을 붙여주셔서 믿음의 유산이 없는 연약한 나를 붙들어 주셨다. 그곳에는 신우회가 있어서 주 1회 예배를 드리고 있었다. 신우회를 인도하시는 선생님은 나중에 목사님이 되실 정도로 신앙심이 깊은 분이셨다. 빠짐없이 신우회 예배를 드렸다. 그곳에서의 예배가 신앙성장에 큰 도움이 되었다. 서대문에서 왕복 3시간 출퇴근이 버거워 서울에서 초입인 학교로 전근을 가게 되었다. 내신을 내 놓은 상태에서 3월 발령을 기다리며 2월에 이런 기도를 드렸다.

"하나님! 신우회가 있는 학교로 보내주세요!"

나는 교장! 나는 사모!

G초 신우회에서

김포 초입에 있는 G초로 내신을 내고 발령을 기다리고 있었다. 신우회가 있는 학교로 가게 해 달라고 기도를 하고 있었던 2022년 2월의 어느 날 꿈을 꾸게 된다.

내가 1층에 있는 어두운 장소에서 왔다갔다 하다가 갑자기 환한 3층 건물의 어떤 장소에 혼자 있는 모습이 보인다. 그 곳은 햇살이 좋고 바람에 얇은 하얀 커튼이 펄럭이고 창문 밖에는 바닷물이 천정까지 차올라 있었다.

그 후 G초로 발령이 나고 1학년 어두운 뒷동 1층 교실에 있다가(1학년 담임) 갑자기 학교사정으로 영어교담을 하게 되면서 환한 앞 동 3층 영어교담실로 옮기게 된 것이다. 그 교실은 햇살이 좋고 통풍도 잘되었고 실제로 커튼이 펄럭이고 있었다. 그런데 바닷물이 천정까지 차올라 있는 것은 무엇일까?

내가 기도한 것은 예전의 학교처럼 신우회가 있는 학교로 보내 달라고 한 것인데 그곳에는 신우회가 없었다. 그런데 어떤 선생님이 교회를 열심히 다니신다는 분이 계셨다. 그래서 찾아가서 신우회를 하자고 했더니 그러지 말고 일단 성경공부를 하자고 한다. 그래서 시작된 성경공부를 교회 전도사님이 오셔서 가르쳐 주신단다. 몇 번 하다가 이상해서 교재를 가지고 가서 담임 목사님께 여쭤봤더니 '다락방'이란 이단이라고 하신다. 그래서 성경공부를 그만두고 신우회를 조직하려고 하는데 나보다 10

살이 많은 그 선생님이 방해를 한다. 기도하면서 기다렸다. 그러면서 1학기가 지나갔다.

9월에 교장선생님이 바뀌셨는데 놀랍게도 교회 장로님이셨다. 하나님께서 일하셨다. 2학기에 신우회가 조직되고 그 햇빛 찬란한 커튼이 펄럭이는 영어교담 교실에서 신우회 예배를 매주 드리게 되었다.

천정까지 차올랐던 바닷물은 물이 바다 덮음 같은 성령과 말씀의 충만이었던 것이다.

이렇게 놀라운 일이~~
이렇게 학교 신우회를 섬기기를 시작하였다. 15분이 매주 모여서 예배를 드렸는데 개척교회 목사님을 모시고 신우회 예배를 드렸다. 갑자기 신우회 조직에 뜻도 없던 사람들이 15명이 모인 것은 물론 장로님인 교장선생님 덕분이었다고 생각한다. 그 학교는 지역점수가 있어서 승진하겠다고 모여든 선생님들이 많았기에 교장선생님께 잘 보이려는 분들이 대부분이었다. 예수님의 이름으로 신우회 예배를 드리자고 할 때는 아무도 동참하지 않았는데 새로 오신 교장선생님이 장로님이시라 하니 15분이 모이게 된 것이다. 세상에서도 영적 영향력을 발휘하려면 출세도 해야 되겠다는 생각을 하였다.

하나님은 외모로 취하지 아니하시고 중심을 보시는 분이 아니신가? 너무나도 허물 많고 주님께 영광도 돌리지 못하는 나 같은 무지렁이도 하나

나는 교장! 나는 사모!

님께서 지금까지도 사랑하시고 쓰시는 이유는 아마도 무슨 일에든지 어떤 사람의 눈치도 보지 않고 하나님을 첫 번째로 선택하는 이유가 아닐까? 생각해 본다. 물론 이것 또한 교만한 생각일 수도 있다.

천국에 가면 여쭤보고 싶다.

'왜 나 같은 걸 사랑하셨냐고?'

강남금식기도원에서 본 가족에 대한 비전의 환상

G초 신우회는 일주일에 한번 퇴근 후 예배를 드렸다. 그리고 한 번씩은 신우회 회원들 집을 심방하며 예배를 드렸다. 어느 날 기도원을 가고 싶은 마음이 들어 신우회 회원 모두 강남금식기도원에 가기로 했다. 그때 나는 하루 한 끼 금식을 하며 남편의 믿음과 비전을 놓고 2주 작정 기도를 하고 있던 중이었다.

강남금식기도원에 도착하여 본당에 무릎을 꿇자마자 성령님의 부어 주시는 은혜가 단비처럼 쏟아지는 것을 느끼며 방언기도가 절로 나오면서 눈물이 주체할 수 없이 하염없이 흘러내렸다. 옆에 신우회 선생님들이 계셔서 체면을 차려야 하나? 하는 생각이 스쳤으나 내 힘으로는 제어할 수가 없었다.

그런데 갑자기 남편의 마음을 환상으로 보여 주신다. 살갗이 빨갛게 벗

겨져 따갑고 아프기 그지없는 마음의 상태를 보여 주시는데 너무 마음이 아파 하염없이 눈물을 흘리며 창피한 줄도 모르고 엉엉 울었다. 나를 힘들게 하는 사람이라는 생각을 했는데 남편은 나의 괴로움하고는 비교도 안 되는 아픔이 있다는 것을 하나님께서 환상을 통해 깨닫게 해 주셨다.

회개가 터져 나오면서 눈물 콧물이 뒤범벅되어 기도를 하고 있었다. 그런데 기도를 시작한 지 얼마 지나지 않아 4장의 필름이 지나가며 또 환상이 보인다.

남편을 위해 작정기도 중이었는데 놀랍게도 선명하게 주마등처럼 지나가는 4가지의 환상은 남편과 나와 딸과 아들의 비전이었다. 그것은 보이는 순간 그 의미를 바로 느끼고 깨달을 수가 있었다.

남편에 대한 환상은 커다란 원석으로 보여 주셨다. 그 원석 안에는 각종 보석들이 박혀 있었다. 다이아몬드도 커다란 것이 박혀있고 금, 루비, 에메랄드, 진주 등 각종 귀한 커다란 보석들이 촉촉이 박혀 있었다.

해석하기로는 남편은 지금은 부족하고 능력도 없고 믿음도 없는 것 같지만 하나님께서 그 원석을 갈고 닦아서 그 속에 박혀 있는 보화들을 캐내어 빛나게 귀하게 쓰실 것이라는 의미이다. 감사했다.

그다음에 나에 대한 환상이 보인다. 내가 4차선 도로를 자동차를 타고 가고 있다. 그런데 막히는 것이다. 그래서 깜박이를 켜고 오른쪽 차선과 왼쪽 차선으로 몇 번 갈아탔더니 앞길이 확 트여서 내가 탄 자동차가 막

힘없이 잘 달린다.

그러다가 내가 운전하는 자동차가 다른 길로 바꿔 타게 하시는 것이다. 48국도에서 56국도로 갈아타는 것처럼 말이다. 바뀐 도로 역시 4차선이다. 그런데 차가 많이 막혀 있다. 그래서 주춤주춤 가다가 다시 차선변경을 시도했다. 깜박이를 켜고 오른쪽 차선을 갔다가 다시 왼쪽 차선으로 갈아타며 이렇게 몇 번을 시도하면서 앞으로 나아가는데 갑자기 시온의 대로가 열린다. 앞길이 확 트여서 내가 탄 자동차가 쫙~~ 달리는 환상을 보았다.

처음엔 무슨 뜻인지 잘 몰랐다. 몇 년이 지나가면서 알게 되었다. 첫 번째 길은 G초를 의미하며 G초에서 처음엔 조금 승진의 길이 힘들지만 나중엔 승진의 길이 순조롭고 승진 점수를 잘 획득해서 승진 준비가 순조롭다는 것을 의미하고 있었다. 4차선 도로로 보여 주신 것은 G초가 학급수가 제법 되는 학교라는 것과 차가 많다는 것은 승진하려고 노력하는 선생님들이 많다는 것을 의미한다. 그다음 길은 J초를 의미한다. 역시 4차선인 J초는 큰 학교였고 이미 기존에 승진할 사람들이 많이 와 있는 상태라서 승진점수를 획득할 수 있는 것이 없었다. 그러나 G초처럼 나중엔 승진의 길이 순조롭게 된다는 것을 보여 준 환상이었다.

결국은 그 두 길 즉 G초와 Y초에서 모은 점수로 승진을 하게 된 것이다. 승진 서류를 정리하다 보니 서류에 적힌 학교가 반은 G초 반은 Y초라서 더 확증하게 되었다.

이렇게 하나님의 방법으로 하나님의 때에 승진을 하게 된다. 환상을 본 때는 2005년 6월 23일의 일이다. 승진을 한 것은 2013년이니 8년 동안의 승진을 향한 과정과 승진의 비전을 환상으로 보여 주신 것이다.

딸에 대한 환상은 아이보리 색의 고급스러운 실로 짠 옷으로 보여 주셨다.

딸의 인생이 고귀하고 아름다운 꽃길처럼 우아하고 값진 인생이 될 것 같다는 느낌이 들었다. 어느 날 하나님께서 딸의 비전으로 주신 환상의 의미를 현실적인 증거를 가지고 간증할 날이 오리라 생각한다. 딸과 아들도 '하나님의 은혜가 이렇게 놀랍다'고 간증할 날이 오는데 그렇게 되기까지 시간이 걸린다는 예언의 말씀을 받았다.

아들에 대한 환상은 이렇다. 아들이 서 있고 아들의 머리 위에서 10cm 정도 떨어진 곳에 하나님의 손이 있다. 그런데 아들이 앞으로 가면 하나님의 손도 가고 아들이 옆으로 가면 하나님의 손도 옆으로 간다. 그리고 아들이 멈추면 하나님의 손도 멈춘다.

해석하기는 임마누엘 하나님께서 아들과 항상 함께하셔서 형통한 삶을 살아가게 하실 것이라는 마음이 든다. 어떤 어려움이 있어도 지켜 주시고 힘을 주실 것이라는 확신이 든다.

아마도 이것을 간증할 날도 언젠가 오리라! 하나님의 때에 하나님의 방법으로!

어렵고 힘든 상황을 허락하시는 분이 하나님이시지만 반드시 그 고난 가운데 선하신 하나님의 뜻이 있는데 현실에 증거는 안 보이고 그로 인해 힘들어하니 '너가 기도하는 것 내가 너를 위해 예비한 비전이 있다'는 것을 환상으로 보여 주심으로 나를 위로하시고 또 그때까지 조금만 참고 기다리라는 하나님의 나를 향한 사랑의 표현이라는 생각이 든다. 감사하신 하나님! 에벤에셀의 하나님! 할렐루야!

'에벤에셀 하나님' (감사하신 하나님)

감사하신 하나님 에벤에셀 하나님 살아 계신 하나님 에벤에셀
하나님
여기까지 인도하셨네 감사하신 하나님 여기까지 인도 하셨네
살아 계신 하나님
감사하신 하나님 에벤에셀 하나님 살아 계신 하나님 에벤에셀
하나님
장래에도 인도하시니 감사하신 하나님 장래에도 인도하시니
살아 계신 하나님

J초 신우회에서

벽지학교를 떨어진 후 J초로 가게 되었다. 역시 신우회는 없었다. 그곳에서 신우회를 모으고 5년을 한 주도 빠짐없이 목요일 퇴근시간 후 바로 신우회 예배를 드렸다. 찬송과 말씀을 나누고 학교를 위해 기도했다. 학

생들과 교직원의 영혼구원과 신우회 선생님들의 기도제목을 놓고 기도했다. J초에서는 예배 인도하는 것과 말씀으로 섬기게 되었다.

학교에서 일하다 보면 언제 퇴근시각이 되었는지 모르게 신우회 예배 시간이 올 때가 있다.

매일같이 QT말씀을 교내에 연결된 네트워크로 배달하고 말씀과 기도로 매순간 무장할 때였긴 했지만, 일하다가 갑자기 신우회 예배 시각이 되면 순간 당황하게 된다. 난 잠깐 기도한다. 하나님! 어떤 말씀을 나눠야 할까요? 그러면 그 짧은 1분 안에 말씀이 생각이 안 난 적이 없었다. 말씀 주시면 관련된 2~3개 말씀과 연결해서 성경구절만 가지고 올라가서 신우회 예배를 드린다.

준비가 없어서 하나님께 참 죄송한 마음이었지만 말씀과 기도가 생활이었기에 내 속에 가득히 담겨 있는 말씀을 필요한 순간에 하나님께서 손으로 꺼집어내어 내 생각 속으로 넣어 주시는 것 같은 느낌이었다. 맨날 엄마들이 '오늘 저녁엔 뭐 해 먹을까?' 걱정해도 매일 맛난 밥상을 차려 주시는 것처럼 맛난 말씀 잔치였음에 감사 또 감사를 드린다. 말씀 자체가 힘이다. 하나님께서 주의 이름으로 모이는 것을 기뻐하셨기에 섬기는 이에게 필요를 채워 준 것이 아니었을까?

서로의 기도 제목을 나누고 학교와 개인의 기도 제목을 놓고 합심해서 통성으로 기도하는 것이 얼마나 큰 힘이 되었던가? 중보기도의 힘을 체험하는 귀한 시간이었다. 참 감사했다.

나는 교장! 나는 사모!

J초 신우회에서의 영적 전쟁

J초에서 신우회를 하면서 김포시초중고 연합신우회를 함께했을 때였다. J초 교장선생님께서 가까운 타 학교 교장선생님을 만났는데 그분이 김포시초중고 연합신우회에 참석하시는 분이셨다. 그 교장선생님이 J초에 있는 이희열 선생님이 김포시초중고 연합신우회 총무라고 하고 J초에서도 신우회를 한다고 이야기를 하신 것이다. 그런데 J초 교장선생님은 사모님과 함께 불교 쪽이셨기 때문에 기분이 좋지 않으셨던 것 같다.

나를 부르시더니 신우회를 하지 말라고 하신다. 그래서 종교는 자유이고 학교를 위해 기도하고 있으며 근무시간 외에 하고 있다고 말씀드렸다. 그랬더니 이희열 선생님이 요구하는 것 다 들어줄 것이니 신우회만 그만하라고 하신다. 그래서 나도 교장선생님께서 말씀하시는 것 모두 그대로 따르겠으니 신우회를 그만하라는 말씀만 하지 말아 달라고 부탁드렸다. 그랬더니 신우회 회원 한 분 한 분을 불러서 신우회를 하지 말라고 하시면서 신우회를 와해시키려고 하셨다.

그리고는 바로 3일 계절방학이 있었다. 오산리기도원에 이 기도제목 하나 가지고 들어가 금식기도를 드렸다. 3일 동안 아무런 응답이 없었는데 마지막 날 성경말씀으로 응답을 주셨다.

"여호와께서 너희를 위하여 싸우시리니 너희는 가만히 있을지니라" (출애굽기 14장 14절)

이스라엘 백성이 홍해 앞에서 진격해 오는 애굽 군대를 보며 진퇴양난의 순간에 두려워하고 있을 때 하나님께서 이스라엘 백성에게 두려워하지 말라고 하면서 하신 말씀 아닌가?

'아멘아멘!! 나는 가만히 있으면 되고 여호와께서 대신 싸워 주신다는 거죠? 그리고 하나님께서 하신 일은 누구도 생각하지 못하는 기적! 홍해를 가르시는 것이 아닌가? 그럼 이미 이긴 싸움이네!'

참 감사했다. 말씀을 받았으니 걱정 안 하고 그대로 우린 신우회 예배를 드리면 되는 것이었다.

며칠 후 학교에 좀 큰 사건이 있었다. 도교육청으로 학부모가 민원을 넣었는데 학교가 긴장을 한 사건이었고 교장선생님은 급성위장염이 걸려 입원까지 하게 되었다. 그리고 시간을 조금 끌면서 민원은 해결이 되었다.

우린 신우회를 하고 있었기 때문에 모이지 말라고 교장선생님께서 언제 또 우리를 부르시나? 생각을 하고 있는데 한 달이 가도 1년이 가도 부르지 않고 묻지도 않고 따지시지도 않는 것이다.

분명한 것은 하나님께서 일하신 것인데 그 속사정은 잘 모르겠다. 과연 신우회를 핍박해서 이런 학교의 큰 민원사건이 일어났다고 생각하셔서 스스로 그만두신 것인지, 아니면 누군가가 교감선생님이나 사모님이

나는 교장! 나는 사모!

나 모르지만 신우회 가만두라고 해서 포기하신 것인지, 지금도 궁금하고 여쭤보고 싶다. 어쨌든 그렇게 이 일은 하나님께서 싸워 주셔서 가만히 있었더니 아무런 일도 벌어지지 않고 신우회 예배를 계속 드릴 수 있었던 영적 전쟁에서 승리한 사건으로 기억된다. 하나님께서는 주님의 일로 핍박 받을 때 반드시 직접 싸워 주셔서 승리의 길을 주시는 분임을 체험하였다.

김포시 초중고 연합신우회

김포시에서 몇몇 신우회에 열정이 있는 분들이 자연스럽게 어떤 기회로 모이게 되었다. 그러면서 연합신우회로 모여서 예배를 드리자는 이야기가 나오게 되었다. 회장, 부회장, 초중고에 각각 총무가 있었다. 난 초등학교 총무로 섬기게 되었다.

일단 크리스천 선생님 명단을 작성했다. 모두를 알 수 없으니 학교마다 교회를 다니는 선생님 한 분이라도 알면 그분을 통해 크리스천 선생님들 명단을 알게 되었고 그렇게 작성한 명단이 240명이었다. 각 학교에 신우회가 조직되어 있으면 아무 문제가 없는데 신우회가 있는 곳이 몇 개 빼놓고 거의 없었기 때문에 거꾸로의 방법으로 명단을 작성하게 되었고 집회가 있을 때 우편발송을 하여 집회 홍보를 하였다.

지금처럼 경기도 내 교직원들이 네트워크가 되면 연락하기가 참 편리했을 텐데~~ 그렇게 한 학기에 2회 정도 연합신우회 예배를 드렸고, 각 학교에서의 신우회 조직을 독려하였다. 임원들은 한 달에 한 번씩 모여서 예배를 드리며 신우회를 위해 기도했다. 과연 연합신우회 섬김으로 어떤 죽어 가는 영혼이 주께로 돌아왔는지는 우리는 알지 못한다. 하나님만이 아실 것이다.

2.

시댁 제사 문제와 영적 전쟁

　남편은 2남 2녀의 장남으로 유교사상이 깊은 시아버님은 장손이셨는데 제사 지내기 며칠 전부터 신경을 쓰셨고 시어머님께서도 아버님 뜻을 받들어 성심성의껏 준비하셨다. 제삿날 당일이 되면 준비한 음식을 '어느 자리에 놓아야 하나?'를 놓고 아버님과 어머님은 신경전을 벌일 정도로 신경이 예민해지셨다. 그만큼 조상을 섬기는 것을 중요하게 생각하셨고, 남편을 다른 형제보다 훨씬 귀하게 생각하시는 것도 나중에 제사를 모실 장남이기 때문인 것 같았다. 그런 유교적인 분위기 속에서 자라난 4남매 또한 뼛속 깊이 유교 의식이 뿌리박혀 있었다고 생각된다.

　아버님은 '사람으로서의 도리'를 중히 여기셨고 어떤 사람도 아버님을 나쁘게 말하는 사람이 없었다. 대인관계가 좋으시고 누구든지 상대방을 존중하고 마음이 따뜻한 분이셨다. 교감선생님이실 때 학교에 발령 난 신규교사가 쌀을 구입해서 가져와야 하는데 시골이라 교통수단이 만만치 않은 상태였다. 아버님이 손수 자전거로 쌀 같은 것을 실어다 주곤 하셨다고 한다. 그렇게 모든 사람을 너그럽게 사랑으로 대하셨다.

그런 아버님이 큰며느리인 나에게는 얼마나 잘하셨을까? 처음 인사를 갔던 날! 아버님이 에메랄드 목걸이를 사놓고는 선물로 주셨다. 어떻게든 나를 편하게 해 주시려고 하고 좋은 것으로 주시려고 하셨다. 시아버님의 사랑은 원 없이 받았던 것 같다.

시어머님은 미인이시고 솜씨도 좋으시고 머리도 좋으신 분이셨다. 시이모님의 전도로 시골에서 교회를 다니시긴 했는데 시댁 풍속을 따라 제사를 최선을 다해 지내고 계셨다.

시아버님이 만 65세에 정년퇴직을 하시고 어머님이 몸이 건강하신 편은 아니셔서 시골집을 떠나 자식 곁으로 오신다고 광명으로 오셔서 같은 아파트 단지에서 사셨다. 그런데 그때가 남편에게 회사에서 큰 어려움이 오기 시작했던 때였다. 잘 나가던 장남과 교사인 큰며느리와 첫 친손녀와 장손 곁에서 편안히 계시려고 광명으로 오셨는데 우리 가정은 어려움이 왔고 그 소용돌이 속에서 나도 남편도 힘들었으니 시부모님이 편안하셨을 리가 없었다.

나는 서울에서 6남매의 막내로 사랑을 듬뿍 받고 자랐고 내가 원하는 것은 무엇이든 할 수 있는 자유로운 분위기에서 성장했다. 부모님은 나를 믿어 주었고 나 또한 모범생으로 내 할 일을 잘해 나갔던 것 같다. 그러나 가정에서 여자가 해야 하는 일들은 전혀 하지도 배우지도 않고 자랐던 것 같다. 그렇게 왕공주로 자라난 나는 시골의 시댁 맏며느리의 역할에 대해 알지도 못하였고 몸은 약하고 육아와 직장생활 만으로도 버거운

나는 교장! 나는 사모!

나에게 결코 편안한 시댁이 아니었다. 또한 어머님과 시누이들은 말로 나를 맘 상하게 하곤 했다. 내 마음은 닫혔고 정말 '결혼을 잘못했구나!' 후회가 막급이었다. 더구나 남편까지 회사와 경제적인 문제로 나를 힘들게 하니 내가 하나님을 믿지 않았다면 과연 가정을 유지할 수 있었을까?

그러던 중 나에게는 영적인 큰 터닝포인트가 왔고 예수님을 구세주로 그리고 나의 주인으로 영접하고 그동안 따랐던 모든 세상풍속을 버리고 예수님께 올인하게 되었으니 이 엄청난 영적 변화는 시댁에도 큰 영향을 미쳤으리라 생각한다.

시아버님은 정년퇴직 후 2년이 지난 후 속이 안 좋으시다 하여 병원에 가서 진료를 받으셨는데 위암이라는 청천벽력 같은 소식을 접하게 되었다. 연대세브란스병원에 가서 수술 날짜를 받았고 수술을 하려고 하는데 암이 너무 진행되어 손을 쓸 수가 없다고 판단하여 수술을 못 하셨다. 안타깝게도 10개월 여를 약을 드시면서 치료를 받으시다가 소천하시게 된다. 66세에 퇴직하시고 69세에 운명을 달리하게 되신 것이다. 인생무상이다.

난 그때 기도하며 교회를 열심히 다녔을 때였기에 돌아가시기 전에 시아버님께 예수님을 영접할 수 있도록 해야 한다고 생각해서 복음을 전해드렸다. 그런데 아버님은 '나는 마음이 편혀!' 하시면서 예수님 영접하시는 것을 온건하게 거부하셨다. 참 안타까웠다. 기도만 할 뿐이었다. 천국 가시게 해 달라고! 난 지금 아버님이 천국에 계신지 지옥에 계신지 알지 못한다. 얼마나 안타깝고 슬픈 일인가? 그렇게 아버님을 보내드렸다.

그 후 내가 맏며느리라 제사를 가져와 하게 되었는데, 교회를 다니면서도 제사 문제를 그렇게 심각하게 생각하지 않고 있었다. 그런데 어느 날 말씀을 읽다가 그 말씀이 살아서 움직이는 것 같고 내 마음속으로 쑤~욱 들어와 완전히 자리 잡는 경험을 하게 된다.

"그런즉 내가 무엇을 말하느냐 우상의 제물은 무엇이며 우상은 무엇이냐 무릇 이방인이 제사하는 것은 귀신에게 하는 것이요 하나님께 제사하는 것이 아니니 나는 너희가 귀신과 교제하는 자가 되기를 원하지 아니하노라 너희가 주의 잔과 귀신의 잔을 겸하여 마시지 못하고 주의 식탁과 귀신의 식탁에 겸하여 참여하지 못하리라" (고린도전서 10장 19~21절)

하나님께서 가장 싫어하시는 것이 무엇인가?

"너는 나 외에는 다른 신들을 네게 두지 말라" (출애굽기 20장 3절)

십계명 중 제1 계명이 다른 신들을 네게 두지 말라는 것인데, 제사는 귀신에게 하는 것이라 하지 않는가?

"너희가 바알을 위하여 다투느냐 너희가 바알을 구원하겠느냐 그를 위하여 다투는 자는 아침까지 죽임을 당하리라 바알이 과연 신일진대 그의 제단을 파괴하였은즉 그가 자신을 위해 다툴 것이니라" (사사기 6장 31절)

나는 교장! 나는 사모!

기드온이 바알의 제단과 아세라상을 찍어 버린 후 기드온을 쳐 죽이겠다고 찾아온 동네 사람들에게 우상을 섬겼던 기드온의 아버지가 한 말이다.

난 제사를 없애기로 결심했고 어머님께 말씀드렸다. 어머님은 장남과 맏며느리가 교회를 다니니 그렇게 하라고 하셨다, 제기와 관련된 모든 것들을 다 갖다 버렸다. 참 순조롭다고 생각했다.

추도예배를 드린다고 부목사님께 심방 부탁을 드렸고 추도예배를 드린다는 말은 하지 않고 시동생과 시누이 부부를 초대했다. 음식을 준비하고 있는데 모두들 오셨고 마지막에 부목사님께서 오셨다. 어머님께서 추도예배로 드린다고 하니까 갑자기 분위기가 싸~ 해졌고 큰시누이 부부는 튕겨져 나가 집에 가버렸다. 시동생과 작은시누이 부부는 남아 추도예배를 드리고 밥을 먹었다. 그렇게 영적 전쟁은 마무리되는가 싶었다.

다음 추도예배에 앞서 도저히 안 되겠는지 시동생이 추도예배를 할 때 자기들이 모두 같이 드릴 테니 추도예배가 끝나면 자기들은 제사를 드린다고 한다. 성경말씀에 '하나님과 귀신을 겸하여 섬길 수 없다'고 하셨으니 그럴 수는 없다고 했더니 우리는 함께 추도예배도 드려 주고 절을 한 번 하겠다는 건데 왜 안 된다고 하냐고 한다. 아마도 타협 없이 내 주장만 하는 것이 이기적이라고 생각했을 수도 있다. 그러나 이것은 타협을 할 문제가 아니다. 목숨을 걸고 신사참배를 거부했던 선조들처럼 이것은 목숨 걸고 지켜야 할 믿음의 지조인 것이다.

몇 년 후 어머님이 갑자기 뇌출혈로 쓰러지셨고 요양병원에서 치료하시다가 소천하시게 되었다. 인생은 정말 길고도 짧다.

그 후 함께 추도예배를 드리기도 했다. 시동생이 이번에는 부모님 산소에 가서 추도예배를 드리자고 한다. 그래서 산소에 가서 추도예배를 드렸다. 그런데 어디선가 술도 나오고 과일도 나오고 하더니 상이 차려지고 술 붓고 절하고 한다.

'아! 도저히 안 되는구나!' 생각하고 저녁을 식당에 가서 같이 먹기로 했는데 차를 끌고 그냥 올라왔다. 물론 시댁 형제간의 우애가 좋았고 남편은 이번 일이 큰일이라는 것을 예감하고 나한테 안 된다고 함께 식사하러 가야 한다고 큰 소리로 야단을 쳤다. 그렇지만 난 굴하지 않았다. 결국 남편은 나를 꺾을 수 없다는 것을 알았고 어쩔 수 없이 나와 함께 집으로 올라왔다. 중간에 시동생한테 전화가 왔는데 식사 자리에 못 간다고 했고 그다음 전화는 받지 않았다. 남편의 서운함은 말로 다 할 수 없었으리라! 시댁에서는 아마 여자 하나 잘못 들어와서 그렇게 귀중한 제사가 없어지고 형제간의 우애도 깨지고 했다고~~ 그랬겠지만~

교회에 와서 이야기 했더니, 성도님들께서 의외의 이야기를 하신다. **"그들은 예수님을 모르니까 어쩔 수 없지 않느냐? 이해하고 기도하고 기다려 주다 보면 전도가 되지 않겠냐? 형제의 의를 끊어놓는 것보다 함께 추도예배도 드리고 제사도 드리는 게 낫지 않겠냐?"** 는 것이다. 우리 남편이 너무 안되었다는 것이다.

난 너무 깜짝 놀랐다. 하나님은 그렇게 생각하지 않으실 텐데 하나님을

나는 교장! 나는 사모!

믿는 사람은 자기 소견에 좋은 대로 좋은 게 좋다는 식으로 해석하는구나! 하나님은 절대로 안 된다고 십계명에 명시하셨는데~~ 결국 시댁 식구들과는 오가지도 않는 남보다도 못한 사이가 되어 버렸다. 몇 년을 두고 기도하며 함께 가려 했지만 결국은 하나님을 믿지 않는 시댁 식구들과 멍에를 함께 하지 않기로 결정했다. 그것은 전적으로 내 책임이다. 남편을 외롭게 한 것은 가슴 아픈 일이다. 형제간의 우애를 깨뜨린 것 또한 시댁 식구들에게도 마음이 아픈 일이다. 그러나 난 하나님이 먼저다. 아니 하나님이 전부다. 누군가는 꼭 이런 방법이었어야 했었냐고 물을 수도 있다. 그러나 영적 전쟁은 민감한 것이다. 스멀스멀 기어 들어와서 점령하려는 것이 악한 마귀의 궤계인 것이다.

그 후로 시댁 식구들의 구원을 놓고 기도하고 있다.

"예수께서 이르시되 내가 진실로 너희에게 이르노니 나와 복음을 위하여 집이나 형제나 자매나 어머니나 아버지나 자식이나 전토를 버린 자는 현세에 있어 집과 형제와 자매와 어머니와 자식과 전토를 백 배나 받되 박해를 겸하여 받고 내세에 영생을 받지 못할 자가 없느니라" (마가복음 10장 29~30절)

그 후 추도예배를 남편과 함께 드렸다. 그런데 추도예배는 하나님께서 기뻐하실까? 사람은 죽으면 하나님의 심판이 있고 그 심판에 따라 천국과 지옥으로 가게 된다. 경배받을 대상은 오직 하나님뿐이시고 구원 또한 육신의 생명이 있을 때 기회가 있는 것이지 죽으면 끝인 것이다. 살아 있을 때 예수님을 믿어야 구원을 받는 것이다. 우리나라가 유교가 뿌리 깊어 기독교가 조선에 정착할 때 하나의 수단으로 추도예배가 생기지 않았나?

추측해 본다. 그래서 영적으로 의미 없는 추도예배도 드리지 않는다.

"한번 죽는 것은 사람에게 정해진 것이요 그 후에는 심판이 있으리니 이와 같이 그리스도도 많은 사람의 죄를 담당하시려고 단번에 드리신 바 되셨고 구원에 이르게 하기 위하여 죄와 상관없이 자기를 바라는 자들에게 두 번째 나타나시리라" (히브리서 9장 27~28절)

나는 교장! 나는 사모!

3.

아들과 딸의 유학과 광야 이야기

2002년 날벼락 같은 풍비박산이 나는 경제적인 몰락이 있은 후 우리는 서대문에서 목동으로 이사를 왔다. 딸과 아들은 월촌중학교에 전학을 하고 한꺼번에 몰아닥친 변화된 상황에 적응하느라 힘든 시기를 겪었다. 더구나 딸과 아들은 사춘기까지 오게 되어 우리 4식구는 참 많이 힘들게 살아가고 있었다.

아들의 유학과 광야 이야기

그때 아들은 중 2였는데 친구도 잘 사귀고 공부도 곧잘 했다. 가정 경제는 몰락했어도 월급타서 아이들 영어 등 학원비를 아끼지 않고 뒷바라지를 했다. 목동은 학원비가 많이 비쌌다. 그래도 다른 건 못 해도 애들은 가르쳐 보겠다고 그렇게 학원비를 대는 것이 나의 최선이라고 생각했다. 그런데 아들이 중 3 졸업할 때가 되었는데 미국으로 유학을 가고 싶다는 것이다. 목동은 당시 유학을 가는 아이들이 참 많았다. 친구들이 유학을 가니 자기도 가고 싶다는 생각을 했던 것 같다.

그래서 아들의 유학을 놓고 기도하고 있었다. 어느 날 목동 1단지 아파트 가로수길을 걷고 있는데 하나님께서 말씀하신다.

"아들을 좋은 크리스천 고등학교를 보내라!"

그래서 영어 어학원 시간 수도 늘리고 기도하며 나름 준비를 하고 있었다. 그런데 어느 날 섬기는 교회에 미국 플로리다에서 목회를 하고 계시는 목사님이 한국에 다니러 오셨다가 수요예배 설교를 하셨다. 그 목사님께 아들 유학문제를 상담했더니 그곳에 좋은 크리스천 사립고등학교가 있다고 한다. 그래서 하나님의 인도하심을 확신하고 유학의 길이 진행되게 되었다.

친정 언니 오빠들, 시댁 식구들 모두 반대를 한다. 아마도 경제적인 상황은 안 좋은데 미국 유학 보내 놓고 어떻게 할지 걱정이 되었던 것 같다.

2004년!

어쨌든 월촌중학교 졸업 후 PCA(Plorida Christion Academy) 9학년으로 입학을 하게 되었다. 목사님이 유학생들 홈스테이 하면서 교회를 하고 계셨다.

목사님 댁에서 홈스테이를 하면서 교회를 다녔다.

PCA는 교육과정이나 생활지도 등이 철저했다. 아들은 가고 싶은 유학의 길이었기에 열심히 공부했다. 목동 어학원에서 공부한 내용이 영어에 큰 도움이 되었다고 한다. 좋은 성적을 내면서 나름 적응을 잘해 나가고 있었다.

11학년이 되었을 때 기숙사를 들어갈 자격이 되어 기숙사로 옮기게 되었다. 얼마나 기뻤는지! 훨씬 저렴하면서도 매 끼 식사가 잘 나오고 생활지도를 철저히 하기 때문에 믿을 만한 교육환경이었다. 도서관을 올라가는 길도 여학생이 올라가는 길과 남학생이 올라가는 길이 달랐다. 자유분방한 미국에 이런 철저한 크리스천 고등학교가 있다는 것이 신기했다.

그렇게 열심히 공부도 하고 안정적인 유학생활을 하고 있음에 감사했다. 11학년이지만 이미 SAT 성적이 우수해서 아이비리그는 아닐지라도 유수한 주립대학은 어디든 갈 수 있는 정도의 실력이 되었다. 나는 대학은 걱정하지 않았다. 그저 걱정되는 것은 미국 대학 학비였다. 학비를 놓고 기도하고 또 기도했다.

아들에 대한 꿈을 꾸게 됨

2006년 5월 아들에 대한 꿈을 꾸게 된다.

아들이 악한 영에 쫓겨 힘들어 하는 걸 보면서 꿈속에서 내가 마음 아파 울다가 꿈을 깼다.

얼마 후 아들에게 너무 마음 아픈 일이 일어난다.

여름방학을 하면 한국에 들어와 강남에 있는 학원을 다니며 미국 입시를 준비하곤 했었다. 11학년을 잘 마치고 여름방학이 되어 한국에 들어오려고 수속을 하고 있었을 때였다. 목사님 댁에서 기숙사로 들어갔을 때 주소를 기숙사로 적어서 Residence 카드를 냈어야 하는데 안 냈다는 것이다. 아들은 그 카드를 받은 적이 없다는 것이다.

그 카드를 내지 않았다고 이민국에 아이 539(I five hundred thirty nine)이라는 비자를 취소했기 때문에 불법체류자가 된 상태라는 것이다. 한국에서는 있을 수 없는 일이다.

기도를 했다. 미국에서 계속 학업을 이어가는 것보다는 한국으로 들어와야겠다는 생각이 들었다. 그래서 11학년을 마치고 한국으로 들어왔다. 들어와 보니 한국은 고3 6월이다. 목동 한가람고등학교에 편입을 하고 졸업을 했다.

"대학을 어떻게 할까?"

"엄마! 나 일단 한국에 있는 지방대학에 입학하고 나중에 좋은 대학에 편입할게."

그런데 내가 용납되지 않았다. 난 아들에 대한 자부심이 있었는데 겨우 한국의 지방대학 보내려고 유학까지 보낸 게 아니었는데 내 노후와 모든 걸 버리고 올인한 것이었는데 이건 아니라고 생각했다.

그때 아들의 대학입학 조건의 상황은 학생부도 없고 유학생 특례도 요리조리 조건이 빠져서 좋은 대학을 들어갈 수가 없었다.

필리핀 바기오 의대로

섬기는 교회 사모님으로부터 필리핀 의대 진학 제의를 받게 된다. 필리핀 의대를 나오면 한국의사 자격증은 안 나오지만 미국으로 가서 국제의사자격증을 따서 한국으로 들어오면 된다고 한다.

영어로 수업을 하니 학업은 문제없다고 생각했다. 오히려 좋은 진로가 될 수 있다고 생각하고 필리핀 의대로 보낸 것이다. 간호사로 필리핀에서 의료선교를 하시는 여자 선교사님 댁에 홈스테이를 하였다.

그렇게 1년이 지나가고 있었다. 청소년부 아이들과 함께 바기오에 있는 지교회에 단기선교를 가게 되었다. 아들을 보고 싶어서라도 가야 했다. 바기오에 도착하여 아들을 보았는데 보자마자 눈물이 왈칵 쏟아진다. 아들이 예전의 모습이 아니다. 너무 말라 있었고 기가 다 빠져 있었다. 이럴 때 이런 표현을 쓰는 건가? 피골이 상접했다는~~ 마음이 찢어지는 것 같았다.

선교사님은 밥은 잘 먹었는데 과제를 해야 해서 밤에 잠을 잘 못 잤다고 하는데~~

의사고 뭐고 우리 아들 하나 잃게 생긴 것이 아닌가? 내가 먼저 한국에 들어오고 바로 수속 밟아서 한국으로 데리고 들어왔다.

한의원에 갔더니 나이 든 사람처럼 뼈가 쇠퇴하고 있다는 것이다. 아들에 대한 욕심으로 필리핀에 안 가겠다는 아들을 억지로 보낸 내 자신에 대한 자책과 이 모든 것이 하나님의 뜻이라고 생각하고 보낸 나의 믿음의 기조가 흔들리는 복합적인 마음으로 많이 힘들었다. 그 후 그런데도 아들은 내게 원망 한마디가 없다. 그러니 더 마음이 아프다.

다시 미국으로

회복을 하면서 다시 아들에게 물었다.

"이제 어떻게 하면 좋을까?"

필리핀의 학기 시작은 4월이고 3월에 방학과 함께 정리하고 들어온 터였다. 그러니 한국 대학입학도 끝난 시기이고 미국의 주립대도 끝났을 시기인데 미국의 2년제 커미니티컬리지는 그때 들어갈 수 있는 때였다.

"엄마! 나 영어가 되니까 커미니티컬리지 2년 다니고 편입해서 좋은 대학 갈게!"

나는 교장! 나는 사모!

"다시 미국으로? 미국이 좋니?"

"어!"

"뭐가 좋은데?"

"글쎄 개인주의이긴 한데 뭔가 편하고 설명할 수 없는 합리적인 것이 있어!"

'청소년기에 정체성이 아직 확립되지 않은 상태에서 미국을 보내서 아들이 미국의 사고방식이 뿌리를 내려 버린 건가?'

일단 텍사스에 아들과 교회에서 함께 자란 담임목사님 아들이 있어서 그쪽으로 커뮤니티컬리지를 보내게 되었다.

"오 주님! 도대체 이 진로의 혼돈이 누구의 잘못이란 말입니까? 어떻게 이해하면 되는 겁니까? 주변 사람들의 말처럼 이 어리석은 엄마의 욕심으로 우리 아들이 이렇게 고난을 당하고 있는 겁니까?"

다시 시작되는 방황의 시간들

이제 성인이 되었으니 알아서 하겠지? 하고 미국에 따라가지 않았다. 미국에 혼자 가서 방을 구하고 교회를 다니며 대학을 다녔다. 나는 수년 동안 내 월급과 융자금 등으로 지원을 했고 아들이 빨리 학업을 마치고 취업해 주길 바라고 있는데 이렇게 돈만 들어가고 이리저리 방황만 하는 아들도 나도 너무 힘들고 아픈 시간들을 보냈다. 광야학교에 입학식도 안 치르고 알지도 못하고 들어가 있는 상황인 것 같았다.

누나인 딸도 하나님께서 미국으로 인도하셔서 난 사실 경제적으로도 너무 많이 힘들었다. 어느 누구도 도와주지 않았고 오직 나 혼자 그걸 감당해야 했다. 그래서 아들을 미국에 보내면서 자동차를 사주지 않았다. 그리고 알바도 하라고 했다. 나 혼자 모든 걸 감당하는 게 힘들고 너도 이제 성인이 되었으니 짐을 나누자는 것이었다. 그렇게 1년이 흘렀다.

그런데 어느 날 아들과 전화통화가 되질 않는다. 정말로 여러 번 전화를 해도 통화가 되지 않는다. 결국 남편과 함께 미국행 비행기 티켓을 끊었다. 누나인 딸이 텍사스에서 대학을 다니고 있었기에 일단 딸을 만나서 숙소를 잡고 아들이 다녔던 교회 전도사님, 친구 등을 수소문해서 아들이 있는 곳을 알아봤다. 아들은 친구가 자취하는 곳에서 덤으로 얹혀서 칩거하고 있었다.

아들이 다니던 대학교 바로 앞에 집을 얻었다고 했는데, 자동차를 사주지 않으면서 알바를 하라고 하지 않았던가? 그런데 바로 앞 자취방에서 대학교까지는 걸어서 40분이 걸렸다. 친구 차를 타고 알바를 갔다가 밤 늦게 와서 아침에 일어나 자취를 하니 끼니도 변변치 않은 상태에서 걸어서 40분을 가면 지쳐서 수업에 집중하기가 힘들었던 것이다.

그동안은 홈스테이 등 관리하는 사람이 있었는데 차도 없는 상태에서 혼자 모든 생활을 해야 하고 알바까지 하면서 학교를 다니기가 어려워 학교를 나중엔 안 간 것이다. 학비와 생활비는 무슨 일이 있어도 꼬박꼬박 보냈는데~~

결국 유학생 입학허가서(I-20)가 취소되어 불법체류자가 되었고 고생하며 학비 보내는 엄마를 생각하면 이야기할 용기도 안 나고 하니 그렇게 그렇게 숨어 살고 있었던 것이다.

"너 어떻게 그럴 수 있냐?" 때리면서 울면서 이야기하니,

"난 엄마, 아빠가 나한테 기대하는 게 너무 부담스러웠어!" 하면서 운다.

"그리고 나 엄마가 다니라고 해서 초등학교 때부터 교회 다녀 봤는데 아무리 생각해도 하나님은 없어!"

청천벽력 같은 소리를 한다.
살아 계신 하나님! 아들을 만나 달라고 얼마나 기도했던가?

어느 날 갑자기 성실하게 공부 잘하던 우리 아들에게 찾아온 불법체류에서 시작된 꼬이기만 하는 광야학교에서 도와주는 부모도 없이 타국 멀리 타향에서 번뇌하며 외롭고 힘들어했을 아들을 생각하니 흐르는 눈물을 주체할 수가 없었다.

아들의 인생에 중요한 이 순간에 이해할 수 없는 이런 일들이 내 책임 인가? 왜 알바는 하라고 했을까? 무슨 수를 써서라도 차를 사 주었어야지 ~~ 끝도 없는 자책과 답을 달 수 없는 질문들~~

하나님도 많이 원망했다.

'아무리 열심히 살아 내려고 해도 안 되는구나! 안 되네~~'
'돈은 돈대로 들어가고 자식은 자식대로 안 되고 와~~'
'인생은 열심히 살기만 하면 되는 게 아니네~'
'맞아! 팔자라는 게 있는 거야!'

이젠 완전히 예수님 믿는 사람 같지도 않은 원망을 해 대고 있었다.
엉엉 울어도 안 되고 원망해도 안 되고 기도해도 이럴 땐 응답도 없고~!

지쳐 가만히 있다 보니 아들의 말이 생각났다. 그래! 부담스러울 수 있 었겠구나! 본인도 열심히 했는데 설명할 수 없는 일들로 자꾸 나락으로 떨어지는 것 같은데 엄마, 아빠는 기대만 하고 있으니~~

정신을 가다듬고 하나님께 회개 기도를 했다.
그리고는 아들에게 이야기했다.

"엄마가 미안하다! 우리 아들의 마음을 부담스럽게 하고 우리 아들의 마음을 읽지 못해서 정말 미안하다. 엄마가 이제 진로를 너에게 맡길게.

나는 교장! 나는 사모!

엄마가 뒷바라지는 해 줄 테니 어떻게 하고 싶은지 이야기하렴!"

"엄마! 나 한 번만 더 미국에서 기회를 줘!"

"어떻게?"

"주립대에 ESL 과정이 있는데. 당연히 쉬운데 그 과정을 듣고 교수회의에서 받아들이면 아이튜에니가 나오고 불법체류 문제도 해결되고 대학에 1학년에 입학해서 공부하면 돼!"

그래서 텍사스에 있는 주립대 ESL 과정에 들어가고 기숙사에 들어가 공부하도록 해 놓고 한국으로 돌아왔다.

그렇게 3개월이 지났다. 당연히 시험은 잘 봤고 이제 교수회의 결과만 기다리는 중이었다.

그런데 의외의 결과가 나왔다. 시험결과도 좋고 성실하게 다녔는데 교수회의에서 입학을 허가하지 않는다는 것이다. 그러나 교수회의 내용은 공개하지 않는다는 것이다.

이제 여기까지 해 봤으니 아들은 미련 없이 한국에 들어가 군대를 가겠다고 한다.

아들은 17살(2004년)에 미국 유학 광야학교에 입학하여 몸도 마음도 많이 지친 상태였다. 학력이 고졸인 상태에서 22살에 한국으로 돌아오게 되었다. 2009년이 되었다.

아들이 겪을 고난에 대한 예지몽

2008년 고난주간 특별 새벽기도가 끝나고 집에 와서 아침에 잠깐 잠들었을 때 또 아들에 대한 꿈을 꾸게 된다.

꿈속의 장소는 광명시민회관 공원이다. 우리 교회에 친하게 지내는 집사님들과 도시락을 먹고서 쓰레기를 검은 봉투에 모두 넣어 묶은 후 공원 바닥의 맨홀을 열고 쓰레기를 버렸는데 내가 가장 친하게 지내는 최 집사님이 검은 쓰레기봉투를 다시 주워 오라는 것이다. 그래서 내가 맨홀 아래로 줄을 타고 내려가다가 쓰레기가 있는 아래를 내려다 보니 너무 깊어서 도저히 밑에까지 갈 수가 없는 것이다. 그래서 나는 한참을 대롱대롱 매달려 있었다. 검은 쓰레기봉투가 있는 저 아래 바닥 깊은 곳에는 물이 흘러 습하고 어둡고 차갑고 외로운 아주 좋지 않은 곳으로 보여지고 느껴졌다. '어떻게 하지?' 하고 마음앓이를 하고 있는데 갑자기 내가 매달려있는 곳 바로 옆에 어떤 타일이 깔려 있는 목욕탕 같은 곳이 보인다. 인어공주 같은 여인이 그 곳에서 목욕도 하고 빨래도 하는데 그 곳은 깨끗한 물이 철철 흘러넘치는 곳이었고 나선형 계단이 바닥 밑에까지 닿아 있었는데 물이 철철 계단을 타고 내려갔다. 내가 도와 달라 하니까 인어공주가 검은 쓰레기봉투를 주워오겠다고 계단의 물을 타고 내려가는 것이다. 나는 여전히 대롱대롱 매달려 인어공주를 기다리고 있다가 꿈이 깼다.

나는 교장! 나는 사모!

꿈을 깨고 꿈속에서의 느낌이 고스란히 남아 있어 한참을 꺼이꺼이 울었다. 너무나 마음이 아팠다. 가슴이 쓰려 왔다. 이 꿈은 해석을 고민할 필요가 없었다. 그 검은 쓰레기봉투는 바로 우리 아들 항수라는 것을 알 수 있었다.

청소년 시기에 미국에 갔다가 이유도 모르게 한국에 갑자기 들어왔다가 필리핀에 갔다가 다시 간 미국에서 그 Community college에서 아르바이트를 하며 학교를 가지 않고 유학생 입학허가서(I-20)가 취소되면서 부모에게 말도 못하고 타향 멀리 미국 땅에서 불법체류자로 외롭고 어둡고 차갑게 지내게 될 아들에 대한 예지몽이었다.

우리 아들은 왜 그런 고난을 당해야 했을까?

딸의 유학과 광야 이야기

아들이 중학교 졸업과 함께 미국 유학을 간 후 누나인 딸은 고등학교를 다니며 디자인학과를 꿈꾸며 미술을 공부하고 있었다. 나와 남편은 미술 쪽 재능이 없는데 아마도 외할아버지의 예술적인 재능을 딸이 물려받은 것이 아닌가? 하는 생각이 든다. 어려서부터 미술대회에서 상을 타고 그리는 걸 좋아했었고 자연스럽게 미대를 가기를 희망하면서 화실을 다니며 미술 공부를 하고 있었다.

학교를 마치고 딸은 홍대 앞 입시 화실에 가서 밤 10시까지 그림을 그렸다. 나는 밤 9시까지 학교에서 승진에 관련된 일을 하다가 김포에서 홍대 앞을 달려가 자녀들을 기다리는 길게 늘어선 부모들의 차량 행렬에 끼어 딸을 기다렸다가 픽업해서 때론 간식을 사 주기도 하고 집에 와서 해 주기도 하고 하면서 그렇게 딸의 고3의 시간을 함께 보냈다.

딸을 위해 기도도 열심히 했다. 딸은 열심히 했고 나는 명문대 미대에 들어가길 위해 기도했다. 그런데 결과는 1차, 2차 모두 낙방이다. 참으로 참담했다.

기도해도 소용없고 아무리 노력해도 안 되고 '아~~ 힘들다!' 좌절이 엄습했다. 어떤 경우에도 하나님께 감사해야 하는데 나는 낙심도 잘하고 원망도 잘하고 그러다가 기도하고 성령충만할 때는 어마어마한 믿음의 사람처럼 보였다. 1대의 신앙이라 기복이 심한 걸까? 기도의 유산이 없어서일까? 난 모태신앙이 너무 부럽다. 어떤 경우에도 별로 흔들리지 않고 그 자리를 언제나 지키는 신앙!

그래도 기도는 놓지 않고 있었다. 기도하던 중 마음에 꼭 맞지는 않을 수 있지만 그곳이 발판이 되어 새롭게 시작을 할 수 있다는 생각이 들어 LA에 있는 한 대학입학을 추진하였다. 딸과 함께 마음을 정하고 수속을 밟았다. 일주일 만에 모든 것이 일사천리로 진행되어 3월에 미대에 입학하게 되었다.

딸이 입학한 대학은 학교이자 교회가 함께 있었다. 하나님의 인도하심

나는 교장! 나는 사모!

이라는 생각 때문에 순종하며 절차를 밟았다.

그런데 정작 딸은 그곳에서 마음의 위로를 받지 못하고 영적으로 많이 힘들었던 것 같다. 게다가 미대가 실제 가 보니 적성에 맞지 않아서도 힘이 들었다고 한다.

2006년 5월 2일 새벽기도가 끝나고 잠깐 잠이 들었을 때 꿈을 꾸게 된다. 딸의 목에서 머리가 말처럼 긴 뱀이 나와서 딸의 입으로 들어가려고 하는 것이다.

깜짝 놀래서 깨 보니 꿈이었다. 딸이 학교이면서 교회인 곳에서 서로 감싸 주질 않고 비난하고 해서 너무 힘들다는 이야기를 들었던 터였다. 결국 대인관계 속에서 무척이나 힘이 들었던 것이다. 마귀가 하는 일 중에 하나가 사람 관계를 이간시키고 하나 되는 것을 훼방하고 하나님 자녀의 마음을 공격하는 일이다. 마귀의 공격을 받고 있는 딸을 보여 주셔서 한국에 있는 엄마로서 기도로 지켜 주라는 뜻이라고 생각했다.

마귀 대적 기도를 계속했다.

'나사렛 예수의 이름으로 명하노니, 우리 딸을 공격하는 더러운 사단 마귀 귀신은 떠나가라!'

얼마나 했을까? 나의 힘든 마음이 평안해지기 시작했다. 마음의 평안함이 오면 하나님께서 일하셔서 문제가 해결된다는 뜻이다.

그리고 대학에서의 공동체 생활을 통해 우리 딸의 부족하고 뾰족한 부분을 훈련시킨 것이 아닌가? 하는 생각이 들었다.

1년 만에 딸은 텍사스에 있는 학교로 옮겨 다니게 되었다. 이곳은 미국 학생이 많아 영어가 많이 늘었고 교회도 성령 충만하고 서로를 감싸주는 곳이라 영적으로도 많이 회복하게 되었다.

2년을 다니고 졸업 후 텍사스에 있는 DBU(달라스 뱁티스트 유니버시티)로 다시 입학을 하겠다는 것이다. 벌써 미국에 간 지 3년이 지났다. 난 경제적으로도 힘들고 빨리 4년 대학 마치고 한국에 들어오길 간절히 바랐건만 3년이 지났는데 다시 1학년에 들어가겠다는 것이다.

결국 DBU(달라스 뱁티스트 유니버시티)로 1학년에 입학하고 4년 후 졸업을 했다. 미국에서 차도 없이 학교와 교회를 다니느라 많이 힘들었을 것이다. 영어와 씨름하며 외로움에 떨다가 위장병이 나고 발목이 삐어도 병원에 갈 수가 없어(유학생은 병원비가 너무 비싸서) 쎙으로 끙끙 앓는 바람에 초반기에 치료받지 못해서 지금까지도 발목이 좋질 않다.

DBU(달라스 뱁티스트 유니버시티)에서는 공부에 재미를 붙였고 대학원을 가고 싶다고 했지만 도저히 더 이상은 경제적인 여력이 되지 않아 한국으로 들어오라고 했다. 7년의 미국 유학생활이 끝이 났다.

4.

기도로 조상 대대로 내려오는 흑암의 세력을 꺾다

2001년 섬기는 교회 청소년부 교사로 봉사할 때였다. 청소년부 담당 목사님이 주관하시는 교사 기도회에서 친정과 시댁이 믿음이 없이 첫 대의 믿음이라는 이야기를 들으시고 새벽마다 이런 기도를 하라고 알려 주셨다.

'친정과 시댁으로부터 내려오는 흑암의 세력은 나사렛 예수의 이름으로 명하노니 묶임을 받고 떠나갈지어다!'

이 기도를 세 번 이상 큰 소리로 외치고 선포하라고 하셨다. 그때까지는 조상 대대로부터 내려오는 흑암의 세력이 있다는 것을 알지 못했다. 조상 대대로부터 믿음의 유산과 기도의 유산이 내려오는 것처럼 저주의 세력도 내려온다는 걸 생각하지 못했던 것이다.

그때부터 새벽마다 부르짖으며 기도를 시작했다. 매일!

그러던 어느 날 2007년 11월 꿈을 꾸게 된다. 새벽기도가 끝나고 집에 돌아와 잠깐 잠이 들었을 때였다.

G초 신우회에서 선생님들 가정을 심방하면서 예배를 드렸을 때가 있었다. 그런데 꿈속에서 신우회 여자 선생님들은 안 계시고 신우회를 섬기는 목사님과 두 분의 신우회 남자 선생님이 우리 집에서 예배를 드린다고 하신다. 그래서 여자 선생님들은 어디 계시냐고 하니까, 목사님께서 말씀하시기를 다른 신우회 선생님 댁에 계시는데 예배는 그 여자 선생님 댁에 가서 드리고 여기서는 이것만 태우면 된다고 하신다. 보니까 그것은 현란한 색깔의 광고지였는데 폭력과 벌거벗은 여자가 유혹하는 모습 등 세상의 더러운 것들을 상징하는 음란한 광고지였다. 목사님이 라이터를 탁 켜고 종이에다 갖다 대니 불꽃이 확 일어나면서 순식간에 타 버렸다. 그리고는 꿈이 깼다.

꿈이 깬 후 너무나도 선명해서 바로 하나님께서 주신 꿈이라는 것을 알았다.

그런데 해석이 되지 않는 것이다. 이게 무슨 뜻일까? 해석이 되지 않아 며칠 동안 무슨 뜻이냐고 여쭙는 기도를 했다. 결국 하나님께서 지혜를 주셔서 깨닫게 되었다.

매일 새벽마다 부르짖으며 기도했던 그 기도를 드디어 7년 만에 응답하여 주셨다는 것을 보여 주신 것이었다.

나사렛 예수의 이름으로 명하노니 친정과 시댁! 조상 대대로부터 내려

나는 교장! 나는 사모!

오는 흑암의 세력은 떠나갈지어다. 묶임을 받고 파쇄될지어다. 물러가라!'

마귀 대적 기도한 지 7년 만에 일천번제 기도를 시작한지 1년 6개월 만의 일이었다. 하나님께서 나로 하여금 우리 가문의 믿음의 길을 개척하게 하시고 마귀를 대적할 수 있는 영적으로 센 기도를 주시고 끊임없이 실천하게 하셔서 드디어 나의 앞길을 방해하고 우겨쌈 당하게 하고 남편과 딸과 아들을 힘들게 하는 조상 대대로 내려오는 마귀의 흑암의 세력이 드디어! 드디어! 드디어! 드디어! 드디어! 드디어! 끊어진 것이다. 내가 드디어를 7번을 쓴 것은 성경 속에 완전이란 의미의 7을 사용하고 싶었기 때문이다.

할렐루야!

너무나도 기뻤다. 이것은 나의 고난의 바닥을 의미하기도 하고 영적 비전의 길로의 출발을 의미하기도 했다.

참 놀라운 것은 영적 원리는 수학 공식보다도 더 정확하다는 것을 경험하는 순간이었다. 하나님을 믿고 지금까지 가정에서도, 학교에서도, 교회에서까지도 어디에서든지 우겨쌈을 당하는 형국으로 참 많이 힘이 들었다. 가는 곳마다 영적 전쟁이 대단했다. 나는 나대로 남편은 남편대로 딸은 딸대로 아들은 아들대로 이해할 수 없이 힘들었다. 노력하고 애쓰고 수고해도 풀리지 않는 수수께끼! 물론 한꺼번에 모든 힘든 것이 짠! 하고 사라진 것은 아니지만 그 꿈을 꾼 때로부터 풀려나가기 시작했다.

5.

남편의 신학대학원 입학,
전도사, 목사안수

예수님을 믿은 지 3년 만에 경제적인 몰락과 함께 몸이 아프기 시작했고 수많은 고난들이 한꺼번에 몰려왔다. 그 광야학교를 오직 예수님 붙들고 기도와 말씀으로 버텼다. 마귀대적 기도를 한 지 7년 만에 조상대대로부터 내려오는 흑암의 세력이 끊어졌고 그러고 나서 남편의 길도 조금씩 열려 나가기 시작했다.

남편은 교회에서 청소년부 보조교사로 차량봉사만 하다가 중학교 2학년 담임 교사로 봉사를 시작하게 되었다. 남편은 사람들을 참 좋아했고 대인관계가 폭넓고 원만했다. 다른 사람들이 남편을 대하면 참 편안함을 느낀다고 한다. 사람들을 너그럽게 포용한다. 중학교 2학년 반을 맡았는데 아이들이 남편을 잘 따랐다. 다음 주 주일에 보면 학생들이 친구들을 전도해 오기도 하고 남편이 직접 길거리 전도를 통해 교회로 인도하기도 해서 부흥이 되고 있는 것이다.

나는 공과공부시간에 열심히 성경말씀을 가르치고 기도하고 전화심방하고 해도 부흥은 안 되었다. 학생 수는 그대로 유지는 되는데 아이들은 그리 즐거운 눈빛이 아닌 것 같다. 그런데 남편 반은 부흥이 되고 아이들이 남편을 따르고 하는 것이다. 가만히 보니 공과공부 시간엔 그리 열심히는 하는 것 같지는 않고 끝나면 맛있는 간식을 사주고 함께 일상을 이야기하고 들어주곤 한다. 아이들이 남편을 따르고 행복해 보였다.

'아! 저거였구나!'

그런데 나는 그게 안 되었다. 딱 제 시간에 맞춰서 기도하고 공과공부하고 QT과제 내주고 했다. 그 과정을 견디고 해낼 수 있는 아이들만 그대로 남고 숫자적인 부흥이 안 되는 것이다.

겨울방학 중 청소년부 수련회를 흰돌산기도원으로 갔을 때였다. 저녁예배 후 기도시간에 모두 눈물콧물 흘리며 하나님께 부르짖으며 기도하는 시간이 있었다. 그때 남편이 처음으로 하나님의 음성을 들었다고 한다.

'신학대학원을 가라!'

처음에는 이게 뭐지? 라고 흘려보냈다고 한다. 그런데 분명한 하나님의 음성이 계속 들리고 수련회가 끝나고 나서 일상으로 돌아온 후에도 지속적인 하나님의 음성으로 인하여 결국 더 이상 버틸 수가 없었다고 한다. 결국 이게 무슨 일인지도 모르고 이유도 모르고 하나님의 뜻이 어디에 있는지도 모르는 채 신학대학원에 입학을 하게 된다. 거부할 수 없는 분명한 주님의 음성에 순종한 것이다.

하나님을 믿은 지 10년 만의 일이다. 40세에 주님 믿기 시작해서 50세가 되어 신학대학원을 입학하게 된 것이다. 그동안 주님 없이는 못 살 것 같은 느낌이나 특별한 체험도 없었다고 한다. 금식기도 한 번 한 적이 없고 성경을 완독한 적도 없는데 어느 날 부르심을 받은 것이다.

남편이 처음 다닌 교회가 침례교회였기에 2008년 침례신학대학원에 입학을 했다. 말씀을 체계적으로 배우고 기도훈련을 하며 대학원 동기들과 영적 교류를 하면서 3년의 과정을 알차게 보낸 것 같았다. 신학대학원에 들어간 지 1년 후 초신자로 처음 다녔던 교회에서 전도사가 되었고 2011년 졸업 후 목사안수를 받고 부목사가 되었다.

고난은 길었는데 하나님의 손이 남편을 붙드시니 한순간에 완전히 다른 삶이 된 것이다.

그러나 나는 사실 남편보다 성령체험도 먼저 했고 10년을 빡센(?) 고난 가운데에서도 큰 전쟁터에 나갈 것만 같은 사람처럼 말씀과 기도를 붙들고 눈물겹도록 치열한 삶을 살아냈다. 매일 남편에게 믿음을 달라고 기도했지만 그 저변의 흑심은 남편이 믿음으로 바로 서야 세상적인 축복을 되찾을 수 있다고 생각했던 것 같다. 그래야 나도 다시 부와 명예를 회복할 수 있다고 생각했다. 믿음으로 바로 서고 사장이나 회장 되게 해 주면 얼마나 견고한가? 반석 위의 믿음으로 인하여 이제 망할 일도 없고~!!

그런데 웬일이란 말인가? 나이 50에 신학대학원에 입학하는 것이 바로 내가 품었던 흑심의 길이란 말인가? 맨 처음 나의 생각은 남편이 믿음이 생기지 않는 것 같으니까 신학대학원에 들어가서 체계적으로 말씀과 기도훈련을 하면 좋겠다고 생각했다. 그런데 가만히 보아하니 그게 아니고 목회자의 길을 걷고 있는 것 같아 불안했다.

'와! 하나님은 내가 그렇게 기도하는 것은 안 들어주시고 꿈에도 꾸고 싶지 않은 절대로 기도하지 않은 것을 주시는구나!'

나에겐 남편이 숙제였고 십자가였다는 생각을 했는데 하나님께서 남편을 손수 인도하시니 이제 모두 하나님께 떠넘기면 되겠네! 하고 마음이 편해지는 것은 있었다. 그런데 남편은 내가 생각한 것처럼 기도를 열심히 하지는 않았다. 신학대학원에서 말씀을 공부하고 연구하는 것은 열심히 하는 것 같은데 평신도인 나보다도 기도를 많이 하지 않았다. 그래서 하나님께 불평을 하기 시작했다.

"하나님! 제가 신학대학원 가라고 하지 않았습니다. 하나님께서 가라고 했다면서요? 그럼 하나님께서 남편을 책임지셔야지요. 신학대학원생이 뭐 저렇게 기도도 안 하고 그렇습니까?"

집요하고 지속적으로 남편에 대한 불만을 털어놓는 나에게 하나님께서 어느 날 음성을 들려주셨다.

"너는 그 입을 다물어라! 네 남편은 심령이 깨끗해서 내가 택한 내 종이다. 능

력은 나에게 있다. 때가 되매 내가 내 능력을 네 남편에게 부어주어 능력의 큰 종
으로 사용할 것이다! 너는 그 입을 다물어라!"

어차피 신학대학원에 들어갔으니 남편이 열심히 말씀 보고 기도해야
능력의 종이 되고 그래야 나한테 기대지 않고 목회를 잘해 나가지 않을
까? 하는 생각이 내 안에 깔려 있었다. 그런데 능력은 하나님께 있고 하
나님께서 원하시는 때에 남편에게 능력을 팍! 한방에 부어주어 그렇게
쓸 테니 너 헛똑똑이 이희열! 고만 그 입을 다물라는 것이다. 얼마나 내
속마음을 꿰뚫어 보시고 하시는 기가 막힌 말씀이신가?

"여호와께서 사무엘에게 이르시되 그의 용모와 키를 보지 말라 내가 보는 것
은 사람과 같지 아니하니 사람은 외모를 보거니와 나 여호와는 중심을 보느니라
하시더라" (사무엘상 16장 7절)

나는 바로 회개했다.

'하나님! 제가 잘못했습니다. 용서하여 주옵소서! 남편은 하나님께서
세우신 종임을 고백합니다. 남편으로 인해 불평하거나 남편을 혼내는 일
을 하지 않겠습니다. 남편에게 임한 하나님의 권위를 흔드는 일을 하지
않겠습니다. 예수님 이름으로 기도드립니다. 아멘!'

이 회개의 약발(?)은 6개월이 갔다. 그 다음부터 또 스멀스멀 올라오는
것이다. 생각해 보니 우리 가족이 겪는 모든 고난 가운데 하나님의 섭리

가 있다는 것을 깨달았음에도 불구하고 가정경제를 몰락으로 가져온 주범이 남편이라는 생각과 그 경제적인 모든 짐을 나에게 지우고 나를 도와주지도 않았고 말 한마디 위로의 말도 건네지 않은 사람이라는 생각이 뿌리깊이 박혀 있었다. 이제 신학대학원까지 들어가게 되어 목회자가 되는 길을 걸으면서 내게 그 뒷바라지까지 시키는 남편! 그러면 열심히라도 해야 하는데 내가 보기엔 그렇게 해 가지고는 또 나만 힘들게 하는 것이 아닐까?라는 생각을 했던 것이다. 사실 이 모든 것이 하나님의 섭리인데!

많은 사람들이 그렇지만 선악과를 따먹은 아담과 하와의 후손으로서 나 또한 너무나 논리적으로는 타당하고 누가 봐도 이치에 맞는 말을 하고 있는 것 같다.

그런데 하나님의 뜻은 우리 같은 인간이 이해할 수 있는 범주가 아닌 것이다.

"이는 내 생각이 너희의 생각과 다르며 내 길은 너희의 길과 다름이니라 여호와의 말씀이니라 이는 하늘이 땅보다 높음 같이 내 길은 너희의 길보다 높으며 내 생각은 너희의 생각보다 높음이니라" (이사야 55장 8~9절)

영적 회복이 불가능한 나에게 주신 하나님의 처방 - 21일 금식기도

2008년. 남편이 신학대학원에 들어가면 모든 영적인 문제가 해결되겠지? 하고 생각했지만 기대에 부응되지 못한 남편에 대한 실망과 함께 승진의 어려움을 겪으며 낙심의 구렁텅이에 빠져서 헤어나올 수가 없었다.

2008년 9월부터 하나님은 나에게 "21일 금식기도를 해라!"라고 음성을 들려주셨다. 예전 같으면 하나님의 지존하신 말씀 앞에 속으로는 아닐지라도 '순종하겠나이다!' 했을 터인데 낙심이 워낙 크다 보니 간댕이(?)가 부어서 "21일 금식기도는 신학을 하고 계신 우리 남편이 해야 하는 것 아닙니까?" 그러면서 하나님의 말씀에 들은 척도 하지 않았다.

그 후 지속적으로 그 음성을 듣게 되고 이제는 도저히 거부할 수 없는 지경에 이르렀을 때 하나님께 기드온의 증거를 보여 주시면 순종하겠다고 말씀드렸다. 그 증거라는 것은 이런 것이었다.

"하나님! 21일 금식기도를 하려면 보식기간까지 적어도 28일 정도가 필요합니다. 그런데 이번 겨울방학에 10일의 NTTP연수가 있는데 학교에 출근해서 들어야 합니다. 저는 가만히 있을 터이니 자연스럽게 그 문제가 해결되어 28일을 쉴 수 있게 해 주시면 정말 하나님의 뜻인 줄 알고 순종하겠나이다."

그 기도를 드리고 마음 편안하게 기다렸다. NTTP 연수는 나 혼자 하는 연수가 아니라 학교 전교사가 함께 연수를 받아야 하고 이미 겨울방학에 하기로 결정했기 때문에 방학중 28일을 쉬는 것은 거의 불가능했다. 그런데 놀랍게도 방학 10일을 출근해서 해야 하는 연수가 학기중 저녁 퇴근 후 20일을 하는 연수로 방법이 바뀐 것이다. 누군가 건의를 했고 그것이 받아들여진 것이다. 놀랠루야!

"기드온이 하나님께 여쭈되 주께서 이미 말씀하심 같이 내 손으로 이스라엘을

나는 교장! 나는 사모!

구원하시려거든 보소서 내가 양털 한 뭉치를 타작 마당에 두리니 만일 이슬이 양털에만 있고 주변 땅은 마르면 주께서 이미 말씀하심 같이 내 손으로 이스라엘을 구원하실 줄을 내가 알겠나이다 하였더니 그대로 된지라 이튿날 기드온이 일찍이 일어나서 양털을 가져다가 그 양털에서 이슬을 짜니 물이 그릇에 가득하더라 기드온이 또 하나님께 여쭈되 주여 내게 노하지 마옵소서 내가 이번만 말하리이다 구하옵나니 내게 이번만 양털로 시험하게 하소서 원하건대 양털만 마르고 그 주변 땅에는 다 이슬이 있게 하옵소서 하였더니 그 밤에 하나님이 그대로 행하시니 곧 양털만 마르고 그 주변 땅에는 다 이슬이 있었더라" (사사기 6장 36절~40절)

난 어쩔 수 없이 그해 겨울에 21일 금식기도를 했다. 성경과 세면도구와 침낭을 싸들고 오산리 금식기도원에 들어갔다. 3일 금식기도는 자주 했었다. 사실은 그때마다 힘들었다. 그런데 하나님 명령에 순종해서 시작한 것이라 그런지 그렇게 힘들지 않게 편안하게 할 수 있었다.

기도원에는 매일 새벽 5시 예배를 시작으로 4번의 예배가 있다. 예배는 찬양과 말씀과 기도로 보통 2시간 정도 한다. 중간에 천천히 산보를 해주어야 몸이 깔아지지 않는다. 더 기도하고 싶을 땐 기도굴에 들어가 기도했다.

매일 4번씩 찬양, 말씀, 기도를 드리는데 은혜가 마음에 임하질 않는 것이다. 나의 영적 낙심이 얼마나 깊었다는 것인가? 10일 정도 지나니까 그제서야 찬양과 말씀이 내 마음속으로 들어오고 회개기도가 터져 나오는

것이다. 그렇게 나오지 않던 눈물이 나오고~~

"내가 기뻐하는 금식은 흉악의 결박을 풀어 주며 멍에의 줄을 끌러 주며 압제당하는 자를 자유하게 하며 모든 멍에를 꺾는 것이 아니겠느냐" (이사야 58장 6절)

그렇게 21일 금식기도가 마무리가 되었다. 나는 3일 금식기도를 해도 항상 응답을 받았기 때문에 21일씩이나 하니 큰 응답을 받을 줄 은근 기대하고 있었다. 그런데 그 기대와는 다르게 성경말씀 한 구절로 응답을 받았다.

"너희는 먼저 그의 나라와 의를 구하라 그리하면 이 모든 것을 너희에게 더하시리라" (마태복음 6장 33절)

내심 실망을 했다. 송구영신 예배 때 교회에서 말씀을 뽑으면 희한하게 받은 말씀이 그 해에 꼭 맞는 말씀이 되는 것을 경험하고 있었다. 그런데 최근 5년 동안 놀랍게도 마태복음 6장 33절 이 말씀을 연속해서 뽑은 것이다. 하다못해 G초 신우회에서 가정마다 심방하면서 말씀액자를 선물했는데 그 말씀도 이 말씀이었다. 총무선생님이 다른 좋은 말씀 액자를 고르려고 기독교 백화점을 두 군데 다녔는데 이 말씀밖에 없어서 이 말씀 액자를 구입했다는 것이다. 개척교회를 준비하면서 나에게 주신 하나님의 특별한 로고스의 말씀이었다. 하나님께서 21일 금식기도를 하게 하신 이유도 내가 영적인 힘을 회복해서 하나님의 일을 감당하라는 것이었다고 생각한다. 하나님의 뜻을 다시 한번 상기시켜 결단하게 하는 하나님

나는 교장! 나는 사모!

의 계획이셨다.

21일 금식기도 후 하나님께서 주신 은사

금식기도를 마치고 몇 달 후인 2009년 9월 1일. 사실은 특별한 영적 은사를 받았다는 것을 우연한 기회에 알게 되었다. 신우회 선생님 한 분과 대화하던 중 마음이 힘들다고 눈물을 흘렸다. 내 마음도 아파서 그 선생님을 위로를 해 주고 싶어서 나의 한 손은 선생님의 손을 잡고 다른 한 손은 선생님의 등에 대고 기도를 해 주고 있었다. 그런데 그 선생님의 등에 손을 대자마자 환상이 보이는 것이다.

그 선생님의 마음이 보이는데 마음에 시멘트가 발라져 있고 둥근 동산으로 보였다. 숨을 쉴 수가 없을 것 같았다. 죽을 것 같이 답답할 것 같은데 탈출도 안 되고 이리도 저리도 할 수 없는 상황을 보여 주시니까 그 마음이 느껴져서 나도 울면서 기도를 하였다.

그리고 내가 본 그 선생님의 마음을 이야기했더니 바로 그랬다고 하면서 그 괴로운 답답함을 알아주니까 막 우는 것이다. 헤어지고 나서 연락이 왔는데 그때 이후로 마음이 조금 편해졌다고 한다. 참 감사했다. 등에 손을 대면 그 사람의 마음이 보이고 그 사람의 어려운 상태를 알게 하셔서 그것을 위해 기도하게 하시고 누군가를 위로할 수 있는 은사를 주신 것이다.

이렇게 하나님은 어리석은 나를 포기하지 않으시고 어떤 때는 채찍질로, 어떤 때는 감싸 안으시며 은사를 주시기도 하면서 나를 사명의 길로 한 걸음 한 걸음 인도하셨다.

어느 날 함께 교회를 섬기고 있는 권사님 남편 집사님이 갑자기 몸에 이상이 생겨 큰 병원에 입원을 하게 되었다. 병원에 문병을 가서 기도를 하고 오면서 마음이 아팠다. 연세도 50대 중반밖에 안 되셨고 평소 말수도 적으시고 온순한 분이시기에 더욱 마음이 아팠다. 기도라도 열심히 해 드려야겠다고 생각했다. 매일 기도시간마다 빼놓지 않고 열심히 기도를 했다.

기도 중에 남편 집사님의 마음을 보여 주신다. 집사님의 마음이 시멘트로 완전히 동그랗게 쌓여 있었다. 그렇게 성실하고 선해 보이시고 말수도 적은 분이 왜 그렇게 마음을 열지 않고 꽁꽁 닫아 놓으셨을까?

난 아내 되시는 권사님께 말씀을 드렸다. 권사님은 마음을 여시고 나에게 말씀하셨다. 시어머님을 모시고 살았는데 권사님과 사이가 좋지 않아서 다툼도 있고 하다가 소천하셨는데 남편 집사님이 그 부분이 한이 되어서인지 권사님한테 마음을 열지 않는다는 것이다.

그래서 권사님께 이 마음 환상에 대해 말씀드릴 것을 권유하였다. 말씀드렸더니, 아내에게 차갑게 한 부분에 대해 회개하고 서로 용서하고 화해하셨다고 한다. 아마도 하나님께서 이 부분을 만지고 싶으셨던 것이 아

나는 교장! 나는 사모!

닌가 싶다.

그렇게 몇 주가 지난 어느 날 충격적인 체험을 하게 된다. 본 교회가 멀어서 저녁마다 목동 집 앞에 기도할 수 있는 성전을 찾았는데 기도실을 24시간 개방하는 교회가 있어 그곳에 가서 무릎을 꿇고 2시간 정도를 매일 기도를 했다.

2009년 9월 1일 저녁 10시경의 일이다. 기도 중에 환상이 보이는데, 집사님의 생명을 연장해 달라고 하나님께 매달리며 기도하는 나에게 보여주신 모습은 너무 충격적이었다.

마치 타이타닉호가 침몰했을 때 여자 주인공은 물 위 작은 구명판에 앉아 잠들었을 때, 남자 주인공이 바닷물 속으로 몸이 꽁꽁 얼어 침몰하는 장면처럼, 그 집사님이 물속으로 눈을 감고 밑으로 사라지는 모습을 보여 주셨다.

돌아가신다는 뜻이다. 물론 천국 가시겠지만, 그 집사님의 생명을 연장하여 달라고 하나님께 매달리며 기도하는 중에 갑자기 보여 주신 환상이 너무 충격적이어서 눈물이 하염없이 흘렀다. 나는 이미 기도응답을 받았기에, 살려 달라고 기도할 수도 없고 기도를 안 할 수도 없고 그때부터 눈물을 흘리며 엉엉 울다가 그냥 집에 돌아왔다. 그러니 권사님께 하나님께서 살려 주실 것이니까 힘내시라고 말할 수도 없고 그 환상의 모습을 말할 수도 없고 마음이 너무 힘들었다. 결국 얼마 지나지 않아 그 집사님은 천국에 가셨다.

이렇게 마음 아픈 일을 왜 나에게 미리 알려 주셨을까?

지금도 알 수 없지만 분명한 것은 주님께서 그 집사님과 가족들에게 나의 기도를 통해 위로가 되길 원하시지 않았을까? 부부간에 서로 속 이야기를 하면서 용서하고 화해하고 그리고 주님의 때에 부르신 것이 아닌가? 싶다.

"말할 수 없는 그의 은사로 말미암아 하나님께 감사하노라" (고린도후서 9장 15절)

합심기도의 위력을 보여 주심

2009년 10월이다. 저녁식사 후 남편과 함께 작은 거실에서 기도를 시작했다. 방언기도를 하는데 갑자기 환상이 보인다. 벽과 기둥 바닥에서부터 시꺼먼 연기 같은 것이 벗겨지며 천천히 올라가는 것이 보인다. 방언기도를 멈추면 그 환상도 멈추고 또 혼자만 방언기도를 하면 그 환상이 멈춘다. 결국 합심해서 하는 방언기도를 통해 흑암의 세력이 물러감을 보여 주신 것이다. 모든 문제! 남편과 합심해서 기도하면 응답받지 못할 것이 없을 것 같다는 생각을 했다.

남편을 향한 하나님의 부르심

남편이 "개척하라"는 음성을 들었다고 할 때 지금까지 풀리지 않는 수수께끼가 풀리고, 맞춰지지 않는 퍼즐이 딱 맞춰지는 것 같았다. 하나님 믿고 오직 주님께 푹 빠져 세상 즐거움 모두 버리고 주님만 바라봤던 나에게 하나님을 믿은 지 3년 만에 고난의 깊은 터널 속으로 내동댕이쳐졌던 이유를 알게 되었다.

하나님은 먼저 남편을 주의 종으로 선택하셨고, 나를 성령체험하게 하셔서 내 열정적인 성격대로 남편이 주의 종으로 가는 길을 예비하는 역할을 내게 주어 목숨 걸고 기도하게 하시고, 기도의 능력을 주셔서 그 영적으로 센 7년의 기도로 친정과 시댁으로부터 내려오는 흑암의 세력을 꺾게 하시고 예비된 길 가운데 드디어 남편을 주의 종으로 세우신 것이다. 처음엔 하나님께서 왜 나만 사랑하시나? 왜 나만 성령체험하게 하시고 왜 나만 은사를 주시나? 라고 생각했다.

2002년 1월, 처음 보여 주신 환상, 용포를 입은 남편의 모습은 '왕 같은 제사장'인 목사님이 될 것을 예언해 주신 것이고(왕 같은 사장이나 회장이 아니고), 두 번째 환상은 초신자 때부터 섬겼던 교회에서 통창이 있는 부사역자 사무실에서 좋은 양복을 입고 노트북을 펴고 전도사와 부목사를 거쳐 그 길을 갈 것을 보여 주신 것이다.

하나님께서 10년 전 고난이 시작될 때 이렇게 말씀해 주셨으면 그렇게 마음이 아프진 않았을 텐데.

'너 이제부터 고난이 시작될 거야. 그것은 네 남편을 주의 종으로 만들기 위해 어쩔 수 없이 반드시 거쳐야 하는 과정이란다. 그래서 경제적으로 큰 고난이 갑자기 올 것이고 몸도 아플 수 있단다. 한 10년 동안은 영적 전쟁으로 대단히 힘들 수 있단다. 그래도 내가 너에게 기도의 능력과 성령의 능력을 부어 주어 감당할 힘을 줄 테니 많이 힘들어도 끝까지 나만 붙들고 견디거라. 주의 종의 길을 예비하려면 누군가 네 남편을 위해 기도를 쌓아야 하는데 아무도 그 일을 한 사람이 없으니 네가 기도로 네 남편의 길을 예비해라!'

이렇게 안내만 해 주셨어도 내가 그렇게 힘들진 않았을 것을! 오 주님!

하나님께서는 그 엄청난 고난을 갑자기 주서놓고 잠잠하셨다. 신음소리에도 응답하셨던 주님은 곧 죽을 것 같은 가슴이 찢어져 나가는 아픔 속에서 오열하며 기도해도 잠잠하셨으니, 이 고난의 상황보다도 내가 그렇게도 사랑하는 하나님의 잠잠하심이 가장 힘들었던 것이다.

"내가 앞으로 가도 그가 아니 계시고 뒤로 가도 보이지 아니하며 그가 왼쪽에서 일하시나 내가 만날 수 없고 그가 오른쪽으로 돌이키시나 뵈올 수 없구나 그러나 내가 가는 길을 그가 아시나니 그가 나를 단련하신 후에는 내가 정금 같이 되어 나오리라" (욥기 23장 8절~10절)

나는 교장! 나는 사모!

6.

주의 종으로 세워짐

교회 창립기념일에 목사 안수식이 있었다. 2011년 3월 13일 목사 안수를 앞두고 겨울방학이 되어 깊이 기도하기 시작했을 때 2010년 12월 23일 하나님께서 새로운 음성을 주셨다.

"너는 너를 성결케 하여라! 그리고 목사안수를 값없게 받지 말고 값있게 받아라! 그리고 나서 예비한 것을 받아라!"

성결하게 하는 것이 무엇일까? 기도하며 말씀을 읽다 보니, 말씀과 기도로 나를! 내 영혼을! 깨끗케 하는 것이었다. 구약을 읽다 보니 무슨 큰 제사나 절기가 있을 때 첫 번째 하는 일이 몸과 마음을 성결하게 하는 일이었다는 것을 깨달았다.

그렇게 말씀과 기도로 방학을 보내면서 어느 순간 기도하면 눈물이 쏟아져 나오고 회개가 나오고 말씀을 읽으면서 성결하게 하라는 말씀이 마음판에 새겨졌다.

그러던 중 2011년 1월 11일 새벽기도 가운데 레마의 음성을 들려주셨다.

"이제 성결하게 하는 것은 되었다. 이제부터는 값있게 목사안수를 받아라!"

그날 오후에 담임 목사님으로부터 목사 안수를 받을 때 3번의 사례와 기념품과 식사대접에 대한 말씀을 들었다. 기독교한국침례회 광명지방회 목사안수위원이 7분 계신다. 그 분들에 대한 3차례의 사례를 말씀하셨다. 기념품은 예를 들어 수건 같은 것을 준비해서 목사안수식에 오신 분들에게 드리는 것이 상례이고 목사안수식에 오신 분들을 식사대접을 해야 하는 절차가 있었다.

아마도 거룩한 목사안수식을 앞두고 내가 이런 문제로 시험 들까 봐 하나님께서 미리 음성을 들려주셔서 말씀과 기도로 성결하게 하는 절차를 밟고 값있게 목사안수를 받으라고 말씀하신 것이라는 것을 깨달았다. 목사 안수는 그만큼 마음과 힘을 다해 감사하게 받아야 하는 하나님의 은혜요, 예식이라는 것도 깨달았다. 하나님의 뜻대로 값있게 치르려고 마음 먹었다.

목사 안수식을 할 때 나는 김포시초중고신우회 총무를 맡아 열심히 학교복음화를 위해 애쓰고 있었던 때였다. 김포시초중고신우회 임원들이 특송을 준비해서 하나님께 올려드렸다.

제사 문제로 갈등을 겪고 있었던 시댁 식구들도 함께 와서 예배드리고 축하해 주었다.

목사안수식 내내, 처음 하나님을 믿게 된 때부터 지금 이렇게 목사안수를 받기까지의 일들이 주마등처럼 스쳐 지나가며 순간순간 힘들었던 것들과 그때그때 특별한 하나님의 은혜가 생각나서 하염없이 눈물이 흘러내렸다. 그것 또한 은혜였다.

수건을 맞추고 출장부페를 불렀다. 남편은 그렇게 하나님의 은혜로 목사 즉 주의 종으로 세워지고 부름을 받게 되었다.

7.

딸의 결혼

　딸의 결혼에 대해 나 나름대로 생각한 바가 있었다. 가정 경제는 어렵고 남편은 개척교회를 하게 될 것 같고 그렇다면 사위는 딸을 아껴 줄 뿐만 아니라 당연히 믿음 좋고 좋은 직장에다 부유한 가정이었으면 좋겠다는 생각을 했다. 친정이나 시댁이나 믿음적으로 동역하거나 함께할 사람이 없으니, 바라건대 사위의 가족 모두 교회를 세우는데 힘이 되는 가정이었으면 하는 엄청난 큰 욕심을 품고 있었다.

　미국에서 대학을 졸업하고 중국에 있는 크리스천 고등학교에서 영어 선생님을 하고 있던 딸은 외롭기도 하고 결혼도 해야 할 것 같다면서 한국에 들어왔다. 귀국 후 미국에서 함께 대학을 다녔던 후배가 소개를 해서 한 청년을 만났다.

　그 청년은 세상적으로는 별로 내세울 것이 없어 보였다. 믿음생활은 하고 있지만, 번듯한 외모도 학벌도 직장도 아니었고 가난했다. 나는 딸에게 "믿음 좋은 사람 중에서 조건도 좋은 사람을 만나 보자!"라고 하면서 만나지 말 것을 권유했다. 남편은 "한번 얼굴이라도 보게 와 보라 해라!"

하셨고 그래서 그 청년이 교회에 방문하게 되었는데 남편도 맘에 들지 않아 했다.

그런데 그 순간 하나님의 음성이 들린다.

"너는 어쩌면 그렇게 세상적인 사람들과 똑같은 잣대로만 생각하니?"

"네 사위다!"

놀랐다. 갑자기 들리는 음성 때문에 놀랐고, 순종하고 싶지 않은 그 내용에 더 놀랐다.

'올 것이 왔구나! 또!'

믿음생활을 시작하면서 하나님께서 나의 길을 인도한 여정은 항상 손해 보고, 생각지도 못한 고난과 가고 싶지 않은 길을 선택해서 가게 하셨던 것 같다는 생각이 들었다.

'그런데 이번에도 또!'

그런데 나의 삶의 주인 되시고 구세주 되시고 나의 왕이신 하나님께서 말씀하시지 않는가?
네 사위라고!

내가 하나님께 '순종' 이란 단어를 그리 쉽게 배운 것 같지는 않다.

아무리 발버둥을 쳐 봐도 결국은 하나님 손바닥 안이다. 순종하지 않으면 견인해서라도 하나님은 그의 뜻대로 나를 이끄셨다. 거부할 수 없는 거대한 힘!

그러나 지금은 어쩔 수 없어서만은 아니다. 나의 영혼을 살리신 구세주요 주인이요 왕이신 하나님께 나는 감사함으로 순종해야 한다는 마음을 갖게 되었다.

바로 결혼식을 올리자고 하고 딸을 시집보냈다.

하나님의 뜻에 순종했으니까 의외로 상상할 수도 없는 멋진 기적의 길을 이끄실 것 같다는 생각도 언뜻언뜻 해 보았다. 그런데 언제나처럼 결코 그렇지 않았다. 내가 예상했던 그 어려움이 딸과 함께 온 것이다.

집은 좁은 오피스텔 반전세로 시작해서 많이도 이사를 다녔다. 돈 없이 그렇게 어렵게 사는 딸이 무척 안쓰러웠다. 딸은 기회만 되면 친정으로 쳐(?)들어왔다. 학교와 교회 일에 지쳐 떨어져 있는 나는 밥을 사 주든지 해 주든지 해야 했다. 어깨가 만질 수도 없이 아프고 긴장된 상태에서 금요일 나의 퇴근 시각에 맞춰 몰려오는 딸 식구들한테 나는 지쳐 떨어져 갔다. 주일 준비는 준비대로 해야 하고 어떨 때는 그렇게 주일 저녁까지! 그다음 날 새벽엔 난 어김없이 학교를 가야 한다. 1시간 30분을 달려 출근해서 하루 종일 교무실에서 공문과 일에 시달리다가 1시간 30분을 달려 퇴근한다.

믿음! 사랑! 소망! 딸에게 아들 둘과 딸 하나를 허락하셨다. 하나님의 축복이요, 상급이요, 기업이다. 체력이 약한 딸이 아이 셋을 키우려니 얼마나 힘이 들 것이며, 매일 친정 생각이 나지 않겠는가? 그렇지만 과연 나의쉴 곳은 어디란 말인가? 학교도 교회도 집도 모두 최전방 사역지이다. 내겐 쉬는 날이 허락되지 않았다. 월화수목금금금! 딸의 결혼으로 인해 기쁨도 있었지만 나는 힘이 들었다. 육체적으로! 정신적으로! 경제적으로!

한편으로는 이런 생각도 든다. 이것 또한 꼭 필요해서 하나님께서 허락하신 일이 아닐까?
딸과 아들은 연년생이었다. 남한테 고스란히 둘을 맡기면서 살림하면서 학교 다니면서 육아를 하는 것이 너무 힘들었다.

딸도 아기였는데 아들은 신생아이니 더 어린 아기를 돌볼 수밖에 없었다. 딸이 동생에게 사랑을 뺏겼다는 생각에 많이 힘들었을 것이고 커나가면서도 항상 엄마는 바쁘고 집에는 부재중이고 아프고 했으니 엄마의사랑이 많이 고팠을 것이다. 그래서 결핍된 사랑을 채울 수 있는 기회를하나님이 주신 것이 아닐까? 라는 생각이 든다.
잘해 주어야 하는데 어떡하나?
난 지금도 너무 할 일이 많고 바쁘고 몸도 아프니 말이다.

세상살이가 참 무엇이 좋다고 하는 것이 없는 것 같다. 맞벌이를 하면 그만큼의 아픔과 손실이 있는 것이다. 물론 얻는 것도 있겠지.

요즘 젊은 선생님들 사는 것을 보면 때론 지혜롭고 본받을 점이 많다. 맞벌이 하는 선생님들을 보면 돈도 같이 벌고 집안일이며 육아며 모든 것을 함께 하며 돕고 사는 것 보면 참 부럽기도 하다. 그렇게 해야 사회에서도 가정에서도 손해가 없고 잘 살 수 있다는 생각이 든다.

결혼해서 아이 둘을 키우는 남자 선생님이 퇴근해서 육아휴직 중의 아내에게 육아를 도와주겠다고 했다가 혼이 났다고 한다. '도와주는 것'이 아니라 '당연히 해야 되는 일이라는 것'이다. 그것이 상생하는 방법이다. 그러면 부부도 아이들도 모두 그 혜택을 누릴 수 있으리라 생각한다.

난 왜 나만 너무 많이 힘든 것 같았을까? 어쨌든 그래도 할 수 있는 대로 했다. 아마도 나만큼 딸도 사위도 힘들지 않았을까?

지금 와서 생각해 보면 하나님께서 허락하시는 일은 반드시 합당한 이유가 있고 잘 겪어 내야 한다. 그래야 나에게 복이 되는 것이다.

하나님은 언제나 옳으시다.

나는 교장! 나는 사모!

III

'승진'이라는 광야학교에서
만난 하나님!

40살이나 다 되어 승진을 하려고 경기도 김포시에 있는 학교로 들어갔다.

김포에 들어가서 얼마되지 않아 가정에 경제적인 몰락이 오고 그로 인해 몸은 아프고 해서 승진을 포기해야겠다고 결심했다.
승진을 포기하겠다고 기도드렸더니 하나님께서 승진을 하라고 말씀해 주셨다.

순종하는 마음으로 다시 몸을 추슬러서 승진의 길로 뛰어 들었다.
2005년 45살 때였다.

하나님의 뜻에 순종하여 승진의 길로 다시금 발을 내딛었다.

주님께서 공급해 주시는 힘으로 해 낸 것이다.

하나님께서 도와주셔서 승진의 길에서 하는 일마다 잘되었다.
3년이 지나니 벽지에 가서 벽지점수만 따고 근평만 받으면 될 것 같아서 내신을 냈는데 벽지에 못 가고 지역가산점이 없는 큰 학교에 발령이 났다.
그때 당시 벽지는 승진 점수에서 큰 자리를 차지했다.

사랑해요! 주님!

2008년 많이 우울했다.

살면서 많은 어려움도 겪었지만, 가장 힘든 때는 하나님의 뜻을 알지 못할 때다.

하나님께서 아무 설명도 안하시면서 현실적으로 이해할 수 없는 일을 허락하실 때 난 많이 힘들었던 것 같다. 하나님께서 승진하라고 하셨으니 도와주셔야 맞는 것인데 오히려 남들 다 가는 벽지에서 떨어져서 지역 점수 0점짜리 큰 학교에 가게 하시다니~~

그나마 늦게 시작한 승진의 길에서 또 다른 광야학교를 만나게 하시고 눈물로 하나님의 약속을 부여잡고 견뎠던 세월의 이야기를 풀어 가려고 한다.

1.

승진을 포기하려던
내게 말씀하신 하나님

결혼생활을 광명에 있는 아파트에서 시작하였다. 광명에서 8년간 아이 낳아 키우면서 재미있게 학교생활을 했다. 그리고 시 만기로 광명에서 가까운 안산시로 다시 나가게 되었다. 안산시 신설학교에서 동기들이 모두 부장을 하게 되면서 4년간 부장을 하게 됐고 그러면서 **'한번 승진을 해 볼까?'** 하는 생각에 광명으로 들어가지 않고 벽지점수를 따러 김포를 가게 된 것이다. 김포는 북한과 가까운 지역에 있어 접적지역 점수를 주었는데 근무만 하면 주어지는 점수이고 승진 점수에서 아주 큰 부분을 차지했다.

김포에서 처음 들어간 학교는 물론 벽지점수가 있는 곳은 아니다. 3년 간 있으면서 연구점수도 하나 따고 열심히 학교생활을 했다. 서대문에서 왕복 3시간 출퇴근 하면서 살림도 하면서 하려니 몸이 힘들었다. 40세나 된 때이기 때문에 좀 지친다는 생각이 들어 바로 벽지로 내신을 내지 않고 출퇴근이 조금 가까운 초등학교로 내신을 냈다. 서울에서 가깝고 벽지점수보다는 적지만 농어촌 점수가 있는 학교로 가서 먼저 농어촌 점수 따고 아이들 더 키우고 벽지를 들어가 보려는 생각이었다.

2002년! G초에 전입했을 때 갑작스러운 엄청난 경제적인 고난이 오게 된 것이다. 난 겉으로는 아무렇지도 않게 학교생활을 잘해 나갔지만, 조금 있으니까, 몸이 말하기 시작한다. 감기가 걸렸는데 아무리 병원을 다니고 주사 맞고 약을 먹어도 낫지를 않는 것이다. 공무원건강검진을 했는데 폐결핵 진단이 나왔다. 다행히 방학 때 일어난 일이다. 결국 병가를 거듭하며 10개월간 약을 먹고 완치되었다. 그러나, 계속되는 몸의 이상 증세로 대수술도 하게 되면서 이젠 예전의 몸이 아니었다.

이미 가정경제가 몰락하고 목동으로 이사 와서 학교 다니는 것도 힘든 처지에 무슨 승진을 하나? 싶어서 이미 내 마음을 결정하고 하나님께 기도를 했다.

"하나님! 아시지요? 제가 몸이 많이 힘드네요. 이제 승진은 고사하고 학교 다니는 것도 버거워요. 하나님! 광명으로 들어가서 교회 잘 섬기면서 학교 다닐게요~ 목동에서 김포까지, 김포에서 광명으로, 목동에서 광명으로! 저도 많이 힘들어요!"

그랬더니 하나님의 응답이 음성으로 바로 왔다.

'승진해라!'

이렇게 힘든 상황에서 왜 승진의 길을 가야 하는지, 승진한다는 것이 무슨 의미가 있는지, 정말 나는 모르겠다고 생각했다. 하나님은 아무런 설명도 없으시다.

나는 바로 내 몸을 추슬렀다. 하나님의 명령은 해도 되고 안 해도 되는 것이 아니고 무조건 해야 되는 것이다. 몸을 겨우 일으켜서 다시 마음을 다잡고 승진의 길로 들어서게 되었다.

부장을 신청하고 돌봄교실을 하고 연구논문을 준비하면서 승진의 길로 박차를 가했다.

김포는 벽지점수가 있는 지역이라 남자선생님들이 여자선생님들보다 많았다. 교장, 교감도 대개 남자들이고 술문화가 발달했던 시기라 남자선생님들은 잦은 회식을 했고 술자리에서 승진에 관한 영향을 주는 이야기들이 오고갔던 시절이었다.

돌봄교실은 승진 가산점이 있기 때문에 신청해서 운영하게 되었는데 하고자 하는 사람이 많으니 2년으로 제한해 놓은 것이다. 맨 처음 돌봄교실을 맡았을 때 15명의 아이들로 시작했는데 2년이 지난 후 신청자가 60명이 된 것이다. 내가 2년을 운영했기 때문에 규정대로 다른 선생님이 돌봄교실을 맡게 되었다. 나는 아이들이 많으니 돌봄교실을 하나 더 만들겠다고 했더니 교장선생님이 안된다고 하신다. 하긴 그도 그럴 것이 그때까지만 해도 한 학교에 돌봄교실이 2개인 경우가 없었다. 난 승진의 길로 늦게 들어섰고 벽지도 없었기 때문에 돌봄교실을 해야 했다.

나는 교장! 나는 사모!

그래서 교육청 방과후 담당 장학사를 찾아갔다. 사실여부를 말씀드리고 도와 달라고 했다. 그랬더니 도와주겠다고 한다. 나는 너무 깜짝 놀랐다. 왜냐하면 그때가 4월이었기 때문에 학기중간에 돌봄교실을 개설할 어떤 방법도 없다고 생각했다. 답답한 마음에 찾아갔던 것인데 도와주겠다는 의외의 답변을 듣고 내가 더 깜짝 놀란 것이다.

"어떻게요?"

"방과후를 활성화시키기 위해 시에서 예산을 많이 줬어요. 예산은 충분히 지원해 줄 수 있고 희망한 아이들이 많다고 하니 맞벌이 가정을 돕고 혜택을 주면 좋은 일이잖아요. 돌봄교실 증설 희망 공문을 시행할 테니 교장선생님께 말씀드리고 추진하세요."

　　이게 무슨 일인가? 와! 나는 답답해서 한번 푸념 반 희망 반 해서 문을 두드린 건데~~
　　하나님께서 도우시고 계시구나!

　　"감사합니다. 주님!"

　　한 번도 다 된 밥 주워 먹거나 다 되어진 것을 받아 편하게 혜택을 본 적은 없다. 애를 쓰고 새로 만들고 안 되는 걸 되게 하고 힘들게 하면서 하나하나 승진 점수를 모았다. 벽지가 만점인 사람은 부장 조금 하고 연구 조금 해서 쉽게도 승진하는 사람들도 있던데~~

사실은 조롱과 핍박도 많이 당했다. 힘든 몸을 추스르고 다시 승진을 해보겠다고 시작한 때가 45세였다. 김포에는 그 나이면 일찍부터 계산해서 승진점수 다 따놓고 경력만 차면 된다하고 기다릴 때였다. 후배들도 나보다 점수 없는 사람이 별로 없었다. 결국 선배 후배가 아니라 김포에서는 승진점수 많은 사람과 없는 사람이 있을 뿐이란 생각이 들 정도였다.

남자들 투성이에 술문화가 발달한 김포에서 나는 가세는 기울었다고 하지, 몸은 아프다고 하지, 교회는 열심히 다닌다고 하지, 술은 사지도 않고 먹지도 않지! 뭐가 이뻐서 누구라도 나를 도와주겠는가?

"야! 쟤는 45세에 점수도 없지, 집은 어렵다고 하지, 아니! 교회나 열심히 다니지 왜 승진은 한다고 껍쩍대냐?"

선생님들은 얼마나 돈 많은 사람도 많고, 부부교사인 경우는 인맥으로 서로 도와주기도 하고 교장, 교감한테 비위 맞추는 사람도 줄을 섰는데, 교장선생님이 술 따라 준다고 하면 받기는커녕 소주잔을 엎어 놓는다. 그러니 얼마나 밉겠는가? 그런데 부장 한다고 하지, 돌봄교실 한다고 하지! 또 하기만 하면 얼마나 잘하는가? 연구보고서, 수업실기 등 개인연구는 하는 대로 잘되었다. 공공의 적이었다.

그런데도 난 세상에 부러운 사람이 없고, 두려운 사람도 없었다.

일천번제를 드리며 새벽의 제단을 쌓고 성경일독과 QT, 말씀과 기도로 무장하여 성령충만했기에 그 드센 남자 떼들과 싸워도(?) 결코 밀리지 않았다.

나의 등 뒤엔 하나님이 계셨다. 찬양 가사가 생각난다.

나의 등 뒤에서 (일어나 걸어라)

나의 등 뒤에서 나를 도우시는 주 나의 인생길에서 지치고 곤하여 매일처럼 주저앉고 싶을 때 나를 밀어주시네 일어나 걸어라 내가 새 힘을 주리니 일어나 너 걸어라 내 너를 도우리

나의 등 뒤에서 나를 도우시는 주 평안히 길을 갈 땐 보이지 않아도 지치고 곤하여 넘어질 때면 다가와 손 내미시네 일어나 걸어라 내가 새 힘을 주리니 일어나 너 걸어라 내 너를 도우리

나의 등 뒤에서 나를 도우시는 주 때때로 뒤 돌아보면 여전히 계신 주 잔잔한 미소로 바라보시며 나를 재촉하시네 일어나 걸어라 내가 새 힘을 주리니 일어나 너 걸어라 내 너를 도우리

온실 속에 화초처럼 공주처럼 자랐음에도 내 기질은 무인도에서도 살아남을 것 같은 강인함과 끈질김이 있었다. 내 생각엔 친정어머니의 기질을 닮은 것이 아닌가 싶다.

그러나 그 강인함의 가장 큰 이유는 내 안에 성령님께서 동행하셨기 때문이었다.

승진에 관련된 일들은 하나님의 도우심으로 순조롭게 잘되었다. 항상 감기를 달고 살았다. 어깨가 아파서 손을 댈 수가 없었다. 그래도 가는 것이다. 매일 새벽의 동은 트고 목동에서 광명까지 새벽기도 다녀와서 다시 김포로 가서 하루 종일 학생들 지도와 공문과 업무와 씨름하다가 저녁이 되면 컵라면 하나 먹고 밤 9시까지 승진에 관련된 일을 하는 것이다.

힘들었지만 재미도 있었다. 현장에서 학생들에게 교육이론을 적용하고 그것을 현장연구보고서로 작성하는 일은 나름 재미가 있었다. 아무도 없는 컴컴한 학교에서 우리 교실에만 불이 켜져 있었다. 컴퓨터와 씨름하면서 보고서를 작성하는 것은 힘들었지만 보람도 느낄 수 있었다.

그렇게 G초에서 농어촌점수와 부장점수, 돌봄교실점수, 연구학교점수, 개인연구점수를 획득하였다. 수업실기대회가 처음 생겼는데 1년 동안 교육이론을 학급에 적용하고 몇 차례의 수업공개와 보고서 제출로 승진점수를 획득하는 다른 어떤 것보다 힘든 대회였다. 출전한 교사의 50%만 점수를 획득할 수 있었는데 첫 회에 도전해서 등급을 받았다. 하나님께서 승진하라고 하시고 도와주고 계셨다.

승진을 다시 시작한 것은 2005년이었는데, 2004년 6월 4일부터 일천번제 기도를 시작했다. 그러니, 목동에서 새벽에 광명으로 다시 목동으로,

목동에서 김포로, 김포에서 목동으로 퇴근하고, 수요예배, 금요예배 때는 저녁에 김포에서 광명으로 직접 예배 갔다가 목동으로 퇴근하는 살인적인(?) 스케줄을 감당하고 있었다. 주일에는 새벽기도 갔다 와서 청소년부 교사 기도모임 8시까지 갔다가 청소년부 예배와 공과공부를 마치고 11시 예배를 드린 후 점심식사를 하고 구역모임을 한다. 그 후 2시 예배를 드리고 나면 파김치가 되어 집에 돌아왔다.

불쌍한 남편과 우리 딸과 아들! 그런데 어쩔 수가 없었다. 하나님은 나를 견인하고 계셨다. 나도 내가 어떻게 아픈 몸을 이끌고 그렇게 어마어마한 일들을 했는지 이해할 수가 없다. 아마도 하나님께서 나를 업고 다니셨나 보다. 지혜도 주시고~ 그런데 가정을 돌보지 못하는 아픔이 있었다. 가정을 돌볼 수가 없었다.

승진점수를 계산을 해 보니 난 이제 벽지(접적지)점수만 따면서 근평을 따면 교감으로 승진을 하게 생긴 것이다.

'거 봐! 하나님께 순종했더니 이렇게 도와주시고 잘되게 하시고~ 역시 놀라운 하나님이시다!'

그리고는 벽지로 내신을 내게 되었다.

2.

X맨 하나님

그렇게 벽지로 전출 서류를 내고 발령을 기다리고 있었다. 늦은 밤 교장선생님께 전화가 왔다.

"이희열 부장님! 1지망에 발령이 안 나게 되었고 자동으로 2지망, 3지망 모두 안 되었대. 인사담당장학사한테 지금 연락이 왔는데 지역점수가 전혀 없는 학교 중에서 선택해야 하는데 J초하고 H초가 있는데 어디로 할까?"

기가 막혔다.

'이건 아닌데~ 이게 뭐야~ 포기한다고 하는데 승진하라고 하시고 순조롭게 지금까지 3년 동안 도와주셨는데 이게 뭐야~ 벽지가 떨어졌다고?~~!!'

그 당시 승진점수 체계에서는 벽지가 없으면 승진이 불가능했다. 그만큼 비중이 컸다.

항상 그렇듯이 난 고난에 맞닥뜨리면서 가장 힘든 것은 사실 그 상황이 아니다. 이해할 수 없는 상황에 대해 하나님께서 잠잠하셔서 아무 말씀도 없으시면, 하나님의 뜻이 무엇인지를 도대체 모르겠으면 견딜 수 없이 힘든 것이다. 그런데 이번에도 아무 말씀도 없으시다.

경제적인 몰락이 왔을 때도 아무 말씀도 없으셨고, 아픈 몸을 겨우 일으켜 '승진해라!' 말씀에 순종해 감당할 수 없을 정도의 스케줄을 감당하며 여기까지 왔는데, 역시 순종했더니 하나님께서 하셨다고 덩실덩실 춤이라도 출 기세였는데! 이런 상황이 왔고 하나님은 잠잠하신 것이다. 이유만 설명해 주셔도 괜찮을 수 있는데 말이다.

내가 벽지가 떨어질 상황이라도 전지전능하신 하나님께서 나를 붙여주셔야 할 것인데 들어갈 수 있는 상황에서 왜 떨어지게 하셨을까? 왜? 왜? 도대체 왜?

이해할 수 없는 이런 상황들은 아들만이 아니고 딸만이 아니고 나와 남편까지!!!
가족 4명 모두 고난이라는 불구덩이에서 숨만 껄떡이고 있는 상황 같았다.

그렇게 나는 벽지에 가서 승진 마무리를 하지 못하고 지역점수 0점짜리 J초등학교에 가게 되었다. 김포에서 나를 아는 사람들은 "이제 이희열은 승진 못 해!"라고들 했다. 그런 경우가 별로 없었기 때문에 큰 이슈였다.

김포시에 신도시가 생기면서 인구가 폭발적으로 증가했고 학교도 많이 신설되고 그러면서 승진하겠다는 교사의 수도 증가한 것이다. 그런데다 그해 갑자기 세 자녀를 가진 교사를 전보에서 우대하게 되면서 이례적으로 내가 벽지에서 떨어지게 된 것이다. 그런 상황에서도 사실은 나에게도 정보가 있었고 내신을 낼 때에도 들어갈 수 있다는 확신이 있었다. 그런데 놀랍게도 어떤 교감선생님의 실수로 다른 학교에 내신을 낸 선생님이 내가 신청한 학교로 오는 바람에 내가 떨어지게 되는 웃지 못할 일이 벌어진 것이다. 그럴 줄 알았으면 농어촌점수 있는 곳을 1지망을 희망했으면 농어촌 점수라도 따는 것을!

다 소용없다. 상황은 종료되었다.

하나님은 X맨이 아닐까?

3.

드디어 맞춰지는
하나님의 섭리

2008년 양도초에 갔더니 부장도 안 준다. 김포에는 젊은 교사들도 승진점수가 높은 사람이 많았다. 그런데 경력이 많은 교사들이 부장을 계속하니 젊은 교사들이 다른 점수는 다 되었는데 부장점수가 없어서 승진이 늦어지는 것이다. 그래서 교장선생님들이 담합을 해서 무언의 규정을 만들었는데 부장을 7년 하면 부장점수가 만점이 되기 때문에 부장을 안 주고 다른 인센티브를 주자고 한 것이다. 나 또한 부장이 8년 이상 되는지라 부장을 하지 못했다.

난 많이 낙심했던 것 같다. 분명한 하나님의 음성 "승진해라!"는 말씀은 들었지, 승진은 불가능하지! 난 어떻게 해야 할까?

그런데 마음을 가다듬고 생각해 보면, 그래도 전지전능하시고 처음이요 나중 되시고 없는 것에서 있는 것으로 부르시며 죽은 자도 살리시는 나의 구세주 예수님께서 하신 말씀 아닌가? 현실적으로는 이해되지 않으나 그래도 나는 하나님의 말씀을 믿을 수밖에 없었다. 하나님이 하신다면 하신다.

그렇다면 내가 지금 할 수 있는 것이 무엇인가 생각해 보았다. 그것은 수업실기대회와 돌봄교실이었다. 그런데 승진할 사람이 많아서 돌봄교실은 내게 차례가 돌아오지 않았다. 결국 수업실기대회를 열심히 했다. 그것은 나 혼자 개인이 노력하면 되는 것이니 말이다. 그래서 다른 생각 안하고 내가 할 수 있는 것을 했다. 수업실기대회는 나갈 때마다 등급을 받았다. 6년을 수업실기대회를 참가하여 6번 모두 입상을 하였다. 시간이 가면서 돌봄교실도 내게 기회가 주어졌다. 운영을 잘해서 2개 교실을 증설했다.

그렇게 3년이 지나고 예상하지 못한 놀라운 일이 벌어졌다. 승진규정이 대폭적으로 수정되어 개편되었다. 내가 없는 벽지점수는 반으로 다운되고 내가 많은 수업실기와 돌봄은 점수가 2배가 된 것이다. 놀라운 하나님!

"너희는 너희 하나님 여호와를 신뢰하라 그리하면 견고히 서리라 그의 선지자들을 신뢰하라 그리하면 형통하리라" (역대하 20장 20절)

개정된 승진규정을 적용하니 승진을 할 수 있는 점수가 되는 것이다.

J초에 발령 난 2008년도는 남편이 신학대학원에 들어간 해이다. 3년 신학대학원에서 수학하면서 전도사를 하고 졸업 후 2011년에는 목사안수를 받고 교회를 개척하게 되었다.

'와! 드디어 맞춰지는 하나님의 섭리!'

내가 벽지에 들어갔으면 멀고 작은 학교라 힘들고 그 상황에서 남편을 뒷바라지하기도 힘들고, 더구나 개척교회 사모의 역할을 할 수 있었을까? 그러니까 큰 학교에서 부장도 하지 않으면서 승진의 일 하면서 목사님을 내조할 수 있도록 하나님께서 배려하신 것이었다. 승진규정까지 바꾸시면서! 하나님은 언제나 옳으시다. 물론 승진은 조금 늦어지긴 했지만 그것 또한 하나님의 섭리 가운데 있는 줄 믿는다.

"하나님은 사람이 아니시니 거짓말을 하지 않으시고 인생이 아니시니 후회가 없으시도다 어찌 그 말씀하신 바를 행하지 않으시며 하신 말씀을 실행하지 않으시랴" (민수기 23장 19절)

승진을 하려면 나의 개인 승진점수가 준비되어야 하고 최종 근평을 받아야 한다. 교무부장을 해야 1등 수를 받는데 근평을 3년을 받아야 교감으로 승진이 되는 것이다. 그런데 나는 부장도 안 하는 상태이고 교무부장을 하려니 교회는 개척이 되어 사모로서 올인하고 있었던 터라 참 난감했다.

나는 나이는 있고 점수는 되는데 교무를 하기는 어려운 상황이었다. 그런데 예상하지 못한 일이 생겼다. 당시 교무부장이 생각지도 않게 빨리 교감에 차출이 되어 승진점수가 가장 높은 내가 1등 수를 받을 수가 있게 되었다. 결국 학교의 여러 가지 상황이 충족되어 3등 수, 2등 수, 1등 수를 받고 승진을 하게 된다. 큰 학교니까 가능했다. 근평 등급 간격이 좁아서 3등 수도 쓸 수 있었던 것이다. 하나님께서 이런 것 하나까지도 세밀하게 계획하셔서 승진의 길로 인도하신 것이다. 나를 큰 학교에 발령 낸 이유

중에 하나다. 그러나 사실은 승진점수는 0.1이 아쉬운 상황이라 1등 수를 3번 받아도 힘든 건데, 내 개인 승진 점수가 엄청나게 높았기에 가능했던 일이다.

"할렐루야! 모든 것을 예비하신 하나님! 믿음 없이 하나님을 온전히 신뢰하지 못하고 좌절하고 낙심했던 저를 용서해 주옵소서! 감사합니다. 주님!"

4.

교감 발령

김포에서 개척교회를 하고 있었기 때문에 교감발령이 김포에서 나길 원했다. 그런데 군포에 발령이 났다. 그것 또한 알 수는 없었다. 왜 그래야 했을까? 그러나 여러 가지 이해할 수 없는 일들 가운데 행하시는 하나님의 높은 뜻, 깊은 뜻을 감히 미물에 불가한 인간인 내가 알 수도 없고 판단할 일이 아니라는 것을 여러 차례 하나님을 경험하면서 깊이 깨닫게 되었기에 감사하며 발령을 받았다.

출퇴근길은 많이 밀렸고 왕복 3시간이 걸렸다. 많이 힘들었다. 승진하느라 고생했고 교감이 되어 조금 여유 있게 개척교회도 돌아보고 개인적인 일도 하고 싶었는데, 장거리 출퇴근이 그런 내 나름대로의 계획에 발목을 잡았다.

학교는 군포시에서 학구가 좋고 교육과정이 좋고 분위기도 좋은 학교였다. 선생님들은 열심히 일하셨고 교육가족과 함께 행복하게 지냈다. 그렇지만, 학부모들의 요구가 많았고 학교폭력 등 민원도 만만치 않았다. 공문과 씨름하고 수업장학, 민원 등 업무도 만만치 않았다. 교무실이라는 열린 공간에서 하루 종일 쉴 틈 없이 일하면서 신경을 써야 했고 출퇴근이 힘들어 만성피로와 감기몸살을 달고 살았다. 어깨를 건드리기만 해도 통증을 참기 어려울 정도였다. 온몸 근육이 아팠다. 이 세상에 쉬운 일은 없는 것이다. 교감은 참 쉬워 보였는데~~

교장선생님은 학교 선배님이시고 장학사 출신 화가셨다. 벚꽃이 흐드러지게 피면 꽃구경 가자시며 손을 잡아끌고 나가셔서 산본 일대와 청계산 등 돌아다니며 사진도 찍어 주시면서 참 잘해 주셨고 행복하게 지냈다. 독서토론 그룹에서 독서토론을 하시고 인문학을 좋아하시고 끊임없이 배우는 자세로 교직계의 선배로서의 좋은 모델이 되셨다. 교장선생님 때문에 하나님께서 나를 이곳에 발령을 내셨나? 그런 생각까지 할 정도였다.

내 친구와 교장선생님은 함께 스터디그룹에서 공부하면서 장학사 시험에 합격한 장학사 동기이기도 했다.

2년을 근무하고 김포로 내신을 내서 들어갈까? 고민도 해 봤다. 2년을 근무하면 내신을 낼 수 있는 자격이 생긴다. 그런데 하나님께서 사인을 주셔야 학교도 옮기는 것이라서 계속 3년 4개월 동안 장거리를 다녔다.

2년이 지났을 때 '학교경영'으로 연구를 하고 싶다는 생각이 들었다. 교감은 대개 경력이 되면 교장으로 승진하는 것이라 연구를 하지는 않는데 늦게 승진한 것도 있고 교장승진에 도움이 될까? 생각하면서 연구를 시작했다.

교직경력 30여 년 동안 생각해 왔던 나만의 교육철학이 있었다. 그것은 교육공동체 세 그룹에 대한 생각이다. 학생, 교사, 학부모이다. 손바닥과 손등처럼 이 세 그룹은 떼려야 뗄 수가 없다는 생각을 해왔다. 군포에서 다양한 학부모 민원을 접하고 처리하면서 더욱 그 생각이 공고해졌다. 그래서 어떻게 하면 이 세 그룹이 맞물려 잘 돌아갈 수 있을까? 고민해 왔던 것을 연구보고서를 써서 전국초등교육연구대회에 출전하게 됐다.

쓸 때부터 물 흐르듯이 잘 써졌다. 하나님의 은혜였다. 하나님께서 무엇인가 일하고 계심을 느꼈다. 그러더니 전국대회에서 7명의 교감이 입상하였는데 4번째 등급을 받았다. 입상자는 6명이 서울 교감이고 경기도 교감은 나 하나였다. 다른 시도는 없었다. 이게 무슨 하나님의 은혜인가? 너무 기뻤다.

그리고는 늦은 나이에 승진해서 조금이라도 교장 발령을 빨리 받으라고 하나님께서 장거리 출퇴근임에도 불구하고 연구를 하게 하셨구나! 생각을 하며 감사했다.

나중에 알게 된 사실이지만, 나의 예상과는 달리 교장 승진에는 연구가 전혀 도움이 되지 않았다. 하나님의 뜻은 다른 곳에 계셨다.

교감 3년 차에 접어들 때, 목사님께서 목회에 대한 뜻을 밝히셨다.

"시골에 있는 작은 교회 가서 어르신들 섬기면서 목회하고 싶어!"

도시 상가 교회에서 7년을 고생하셨다. 고향 마을처럼 따뜻한 시골이 그리우셨던 것일까?

그때부터 기도하며 하나님의 인도하심을 받아 우여곡절 끝에 화성시에 있는 작은 시골교회로 부임하게 되었다.

5.

농어촌 미자립교회와
함께 찾아간 시골 학교 교감

시골교회로 가게 되어 군포에서 화성으로 내신을 내서 화성오산교육
지원청 소속 학교 중 교회에서 가까운 학교로 전근을 가게 되었다.

시골에서 사는 것도 처음이고 시골 6학급에서 근무하게 된 것도 처음
이다.

시골학교에는 대개 교장, 교감이 남자가 많고 여자는 드물다. 화성오산
에서 오지에 해당되는 서해안 끝자락 시골학교를 여자를 보내는 것은 사
실 배려 차원에서 대개는 하지 않는다. 나는 거의 처음으로 부임한 여자
교감이었다.

교회에서 차로 7분 거리였다. 학부모들과 친하게 지내고 교직원들과도
친절하게 섬기며 잘 지냈다. 교회에서 가까운 학교라서 전도하기가 좋겠
다고 생각했는데 전도는 한 명도 못하고 고난만 엄청 당했던 것 같다. 훈
련이었다. 나의 강함과 이기성과 아집을 꺾는 과정이었다는 생각이 든다.

열매 맺지 못하는 전도 1

그 지역에서 자취를 하고 있는 선생님 두 분에게 복음을 전하고 영접기도를 하고 교회로 초대를 하였다. 그리고 성경공부를 시작했다. 가끔 밥도 사 주고 집에 초대해서 밥을 해 주기도 했다. 성경공부를 시작한 지 2개월 정도 지났을까? 어느 날 나에게 찾아왔다. 복음이 무엇인지 알겠는데 복음이 믿어지지 않아서 교회를 못 다니고 성경공부도 못 하겠다는 것이다.

그래서 복음이 무엇인지 물어봐도 되냐고 하니까, 이야기를 술술 한다.

"하나님께서 천지를 창조하시고 아담과 하와도 창조하셨는데 에덴동산에서 다른 모든 것들은 다 먹고 누려도 되는데 '선악을 알게 하는 나무 열매'는 먹지 말라고 명령하셨는데 뱀의 꼬임에 넘어가 선악과를 따 먹게 되었다. 하나님께 불순종함으로 죄가 들어왔고 죄의 삯은 사망이기에 죽을 수밖에 없게 되었다. 원죄가 있는 후손인 우리도 죽을 수밖에 없다. 하나님께서 죽을 수밖에 없는 우리를 불쌍히 여기셔서 그 죄를 사해 주시고 영원한 생명을 주시기 위해 죄가 없으신 하나님의 아들인 예수그리스도를 이 땅에 인간의 모습으로 보내주시고 우리의 죄를 모두 대속하시고 십자가에 못 박혀 돌아가시고 3일 만에 부활하셨다. 이 십자가 사건으로 우리 죄의 문제가 해결되어 죄로 인해 인간과 하나님과의 끊어졌던 길이 연결되었고 이제 예수님만 믿기만 하면 죽어도 죽지 않고 영원한 생명을 천국에서 누릴 수 있다"

그런데 도대체 그 사실이 믿어지지가 않는다는 것이다.

이것이 내가 지금까지 전도했던 방식이다. 복음 전하고 영접기도 하고 교회로 초대하고 성경공부하고~~ 그런데 안 믿어지고 교회를 안 다닌다는 것이다.

열매 맺지 못하는 전도 2

학교 급식을 담당하는 분이 있었다. 나랑 나이가 비슷하다. 대도시에서 먼 시골학교라 대대로 교장, 교감이 남자였다가 여자교감이 오니까, 이상한 마음이 생기는지, 부임한 첫날, 급식 배식을 하면서 나보고 '살찐다고 조금 먹으라'고 한다. 참 어이가 없다. 예전학교 하고는 대우가 하늘과 땅 차이다.

도시에서 여자 교장, 교감을 대하는 태도와 너무 다른 경험을 했다. 시골은 남존여비 사상이 뿌리깊이 있고 여자 관리자에 대해 그 학교에서 오래된, 교사가 아닌 분들이 텃세를 하는 경우가 있다고 하더니 결국 그런 걸 부임 첫날 경험을 하게 되었다. 도시에 있는 학교와 너무 다른 이 분위기에 적응해 나가야 하는 것이구나!

그런데 그분이 처녀 때 길을 걸어가다가 갑자기 기절하고 천국을 체험한 적이 있다고 한다. 그 동네에 살고 있고 해서 전도를 하려고 기도를 시작했다. 그리고 마음을 열 수 있도록 잘해 드리면서 행사가 있을 때 교회로 초대하기도 했다. 초대하면 교회에 와서 자리를 채워 주기도 했다. 사적으로 밥도 먹기도 하고 차도 마시면서 예수님을 믿도록 권유를 하기도 했다. 그런데 쉽지 않았다. 그럼에도 불구하고 그 선을 넘고 끝까지 이겨 내야 전도가 되는데, 나를 위해 죽기까지 사랑하신 예수님의 은혜를 입은 나는 한 영혼 구원을 위해 썩어지는 밀알이 되지 못했던 것 같다. 견뎌내지 못했다. 결국 전도를 하지 못했다. 아니, 내가 포기했던 것 같다.

열매 맺지 못하는 전도 3

학부모도 전도해 보려고 애를 써 봤는데, 밥 사준다고 하면 밥 얻어먹고, 뭐 챙겨 주면 당연히 받고 그냥 그대로 교회에 올 생각은 하지 않았다.

시골이라서 그런 것일까? 내가 이 학교에서 전도가 되게 해 달라고 기도하며 일부러 찾아간 곳에서 아주 이상한 색다른 배타를 당한다는 생각을 하게 되었다.

결국 새로운 땅에서 전도가 쉽지가 않았다.

그런데 사실은 그것이 보편적인 것이 아닐까? 한 영혼을 구원한다는 것이 그렇게 쉬울 리가 있겠는가? 복음의 빚진 자로서 한 영혼을 품고 기도하며 섬기며 사랑을 흘려보내야 하는데 마귀의 방해도 있을 것이고 상처가 많은 사람은 상처의 가시로 찔러대기도 할 텐데~~ 그래도 품고 나를 사랑하신 예수그리스도의 사랑을 흘려보내야 한 영혼을 구원하는 것

나는 교장! 나는 사모!

인데~~ 그 지점에서 포기를 하니 전도가 안 되는 것이다. 내가 넘어야 할 믿음의 산이다.

6.

교장 발령

    정년퇴직 2년을 앞두고 교장 발령이 났다. 벽지가 없어서 늦어진 교감 승진, 그리고 교감을 7~8년을 해야 교장이 되는 정체기를 지나면서 결국 교장은 2년만 할 수가 있었다. 군포에서 교감 때 교장이 조금 일찍 되려나? 하고 학교경영으로 연구보고서를 써서 전국대회에 입상한 점수는 전혀 교장이 되는 데 도움이 되지 않았다. 승진을 하라고 하나님께서 말씀하셔서 참 많이 힘들었는데 겨우 2년 하려고 그 고생을 했는가? 그런 생각이 올라왔다.

    다행히 화성시에 여러 학교에 자리가 있었다. 그 중 가까운 곳을 알아보니 두 학교가 있었는데 향남에 있는 교감이 둘이 있는 큰 학교가 있었고, 하나는 바닷가에 있는 작은 학교인데 나는 큰 학교를 가고 싶었다. 교장 발령 대상자는 순위가 있는데 순위가 괜찮아서 내가 선택하면 된다고 생각했고 실제로 그런 상황이었다.

    그런데 어느 날 교육지원청에서 전화가 왔다. 나는 향남을 이야기 하는데 자꾸 시골 바닷가 작은 학교를 권유를 한다. 기분이 상했다. 그런데도 그냥 시골 바닷가 학교를 신청을 했다. 그리고는 전화를 끊으면서 과장이 마음이 바뀌면 오전 중으로 연락을 달란다. 알았다고 하고 전화를 끊었다. 내가 향남을 선택하면 우선적으로 발령날 수밖에 없는 상황이었다. 기도를 했다.

"하나님! 어디로 갈까요? 저는 향남으로 가고 싶은데요. 다시 전화할까요?"

그랬더니 하나님께서 다시 전화하라는 마음을 안 주신다.

'아! 하나님의 뜻이구나! 나는 이번에도 또 내가 마음 가는대로 선택할 수가 없네!'

그리고는 결정을 확정지었다.

부임할 그 학교로 간다고 소문이 났다. 그랬더니 여기저기서 전화가 온다. 다른 모든 학교는 가도 되는데 그 학교는 가면 안 되는 학교란다. 왜 그러냐고 했더니 한마디로 아주 센 곳이니까 그 학교만 빼놓고 다 가도 된다는 것이다. 사람의 관계들 속에서 좋지 않은 사건들이 있었던 학교였던 것이다.

사명이 있는 사람은 그 사명을 감당할 곳으로 보내시지 다 차려진 밥상 받아놓고 먹기만 하는 곳으로는 보내지 않는 것이다.

또 어떤 사명이 기다리고 있는 것인가?

7.

교장으로 부임한 학교를
직접 경영하신 하나님

면 소재지에 있는 6학급 바닷가 학교이다. 부임한 첫날 교장실이라고
안내한 곳은 창고에 있는데 천정을 편백나무로 입히고 책상과 컴퓨터만
있는 곳이었다. 심상치 않은 학교라는 걸 대번 알 수가 있었다. 학교는 손
을 못 댈 정도로 지저분했다. 코로나 시기에 방역을 철저히 하기는커녕
정리와 청소가 되어 있지 않았다. 면 소재지는 농어촌지역 점수를 받는
다. 그래서 승진하려는 남자 교사들이 비율적으로 많은 편이었다.

간증으로 대신한 취임사

취임식 때 교직원들이 최선을 다해 준비를 해 주었다. 취임사에서 나는
원고를 준비하지 않고 '내가 승진하기까지 하나님께서 어떻게 일하셨는
가?'를 간증하였다. 그러면서 2년 동안 이곳에서 '사랑'을 심겠다고 했다.
한마디는 마음속으로 했다. 하나님은 사랑과 공의의 하나님이므로 '사랑'
뿐만 아니라 '공의'도 심겠다는 결심이었다. 이곳은 흑암의 세력이 센 곳
이고 이제 영적 전쟁이 시작될 것이고 사랑으로 품어야 되는 것도 있지만
분명히 잘라내야 하는 것도 있으리라 생각했기 때문이다.

여호와 이레

일단 교장실부터 아이들 교실이 있는 본관으로 가야겠다고 생각했다. 행정실장이 예산이 없어 추경을 해야 하니 조금 기다려 달라고 한다. 나는 창고 교장실에서 이 학교에서 하고 싶은 일들을 적기 시작했다. 일단 시골에 있는 학교라서 사교육으로 채우지 못하는 부분들에 대해 공교육이 할 수 있는 것들을 정리해 보았다. 미래를 살아갈 아이들에게 AI교육을 해 주고 싶었다. 독서교육을 기반으로 그림책을 출판하는 출판기념회를 통한 인성교육을 하고 싶었다. 학교를 깔끔하게 정리하고 AI실과 도서실을 공간혁신하고 현관과 구령대 등을 아이들의 쉼터로 내주고 싶었다. 신발주머니를 없애고 학생자치회와 학부모회를 활성화시키고 교사들이 집단지성을 발휘하고 성장할 수 있도록 연구적인 분위기를 조성하고 싶었다. 그래서 학부모, 교사, 학생 교육공동체 세 바퀴가 맞물려 잘 돌아가는 신바람 나는 학교를 만들고 싶었다.

[통통(通通)·· 교육공동체 세바퀴가 굴리는 신바람 나는 학교]

어? 이 생각들이 어디에서 나왔지? 생각해 보니 군포에서 교감일 때 학교경영으로 연구보고서를 쓴 것이 결국 교장 되어서 학교경영에 적용하라고 한 것이라는 것을 발령나고 학교경영을 고민하면서 깨닫게 되었다. 고민할 필요가 없었다. 다 준비가 된 '여호와 이레'였다. 그래서 하나님께서 학교경영 연구보고서를 쓰게 하셨구나! 교장발령이 나고서야 깨달았다.

"아브라함이 눈을 들어 살펴본즉 한 숫양이 뒤에 있는데 뿔이 수풀에 걸려 있는지라 아브라함이 가서 그 숫양을 가져다가 아들을 대신하여 번제로 드렸더라 아브라함이 그 땅 이름을 여호와 이레라 하였으므로 오늘날까지 사람들이 이르기를 여호와의 산에서 준비되리라 하더라" (창세기 22장 13절~14절)

공간 혁신

'공간 혁신'이 교육의 반이라고 한다. 그만큼 공간을 교육적으로 구성해 놓으면 50%는 이미 교육이 되는 것이라고 한다. 예를 들어 아이들이 소통하기를 원한다면 광장과 같은 곳을 아이들이 좋아하는 색과 디자인이 있는 가구들과 소품으로 꾸며 놓으면, 별도로 지도하지 않아도 아이들은 자연스럽게 광장으로 모이고 이야기하게 되고 그러면서 그곳에서 예상한 또는 예상하지 못한 교육적인 효과가 있게 되는 것이다.

예산은 사업을 시행하는 공문을 통해 따오게 되고 내가 생각한 대로 도서실과 AI실과 현관과 구령대를 공간혁신을 하게 되었다. 예산을 끌어오고 싶다고 해서 따오는 것이 아닌데 생각한 대로 되어지는 것이다. 사실은 관련 공문을 보았는데 그냥 넘겼다. 그런데 관내 교장선생님으로부터 전화가 와서 그 공문의 예산을 신청하면 될 거라고 하시면서 1개를 하지 말고 여러 개를 신청해도 된다고 하신다. 결국 하나님께서 사람을 통해 내게 알려 주신 것이다. 3개를 신청해서 1억 8천의 예산을 받아왔고 그해 겨울방학에 도서실과 AI실과 현관 및 구령대를 교육공동체의 의견수렴 후 고스란히 반영해서 리모델링을 했다.

3월에 완성된 후 개학을 했는데 아이들과 학부모들이 너무 너무 좋아했고 그 공간들을 즐겨 활용하였다. 아이들이 교실을 나오면 복도나 현관이나 어떤 곳에도 편안히 앉아 담소 나눌 곳이 없었다. 그래서 현관과 구령대에 예쁜 쇼파와 의자, 창밖을 보며 책을 볼 수 있는 공간을 마련해 주었는데 내가 생각한 그 이상으로 아이들이 좋아했다. 그 모습을 보는 내 마음은 말할 수 없이 기뻤다.

AI 선도학교

그렇게 공간을 구성하고 있는데 공문이 하나 왔다. AI실이 있는 학교 중에서 AI선도학교를 신청하라는 공문이었다.

'놀랍지 않은가?'

21세기를 주도적으로 살아갈 우리 아이들에게 미래교육을 통해 역량을 키워 꿈을 펼쳐 나갈 수 있도록 인공지능프로그램을 교육해야 하는데 AI선도학교가 된다면 별도의 예산 투입과 함께 정말 신바람 나게 AI 관련 교육을 할 수 있는 것이다. 그것 또한 공문을 통해 AI선도학교로 지정이 되었다. 화성오산 내 초등학교가 130여개가 있는데 AI선도학교는 11개가 있다. 그 중 한 학교가 시골의 작은 보잘 것 없는 우리 학교가 된 것이다.

새로운 사업을 할 때마다 하나님께서 알게 하시고 보게 하시고 생각나게 하셔서 그 일을 성사시키는 것을 느낄 수가 있었고 부인하려야 할 수가 없으리만큼 증거를 주시며 직접 일하셨다.

AI 선도학교 공모 공문을 보는데 해 봐야지! 이거 되겠다! 이런 생각이 드는 것이다. 하나님께서 주신 지혜이다. 교감선생님을 비롯해서 모든 선생님들이 '과연 될까?' 속으로는 이런 생각을 했다는 것이다.

공모 확정 공문이 왔을 때 난 하나님께서 하셨다는 것을 알고 감사기도를 드렸다. 교직원들은 내가 이야기만 하면 되어 가는 것을 보며 놀라워하고 있었다.

책 출판기념회

책 출판기념회는 존경하는 한 선배 교장선생님을 통해서 알게 되었다. 글쓰기를 지도하고 글에 따른 그림을 지도해서 그림책을 출판하는 것이다. 문집 수준이 아니고 정식으로 출판사에서 책을 출판하는 프로젝트인데 교육적인 효과가 대단하다. 독서를 통한 인문학 및 인성교육의 바탕 위에 창의력이 향상되며 '나'도 모르는 내 안의 '나'를 이끌어 내는 과정을 통해 치유도 되고 승화도 되며 타인을 이해하는 마음이 생긴다는 것도 경험하게 된다. 이런 예상한 것 훨씬 이상의 또는 생각하지도 못한 교육적인 영향력이 있으리라 생각한다. 바닷가 이 시골 아이들에게 꼭 해 주고 싶었다.

그런데 문제가 생겼다. 분당에 사는 글쓰기와 그림 강사들이 여기까지는 너무 멀어서 올 수가 없단다. 삼고초려가 아니라 십고초려 정도 해 본 것 같다. 정말 가고 싶은데 도저히 여건이 안 된단다. 밤에 잠이 오질 않는다. 시골학교의 문제점은 우수한 강사를 구하기 어렵다는 것이다. 너무 멀어서 가성비가 떨어져 오려고 하지 않는다. 시간적으로도, 기름값 등… 어떻게 하지? 무슨 방법이 없을까?

그러던 어느 날 김포에서 교장선생님 한 분이 동화그림책을 출판했다고 선물로 보내 주셨다. 그래서 고맙다고 전화를 했는데 책 출판기념회에 대해 이야기를 하니 관심을 보이신다. 계획서를 보내 달라고 하셔서 보내 드렸더니 본인이 쓴 동화책도 글은 그 교장선생님이 쓰고 그림은 미대 나온 조카가 그려준 것이라 하시면서 한번 해 보겠다고 하시는 것이다. 정년퇴직을 앞두고 계셔서 시간적으로는 가능한 것이다. 그런데 김포에서 여기까지 오실 수 있냐고 했더니 마다않고 오시겠다고 하신다. 결국 김포에서 동화작가인 퇴직한 교장선생님을 모시고 그림책을 전교생이 출판을 하게 되었다.

이것 또한 우연이 아니다. 하나님께서 이렇게 딱 맞는 시기에 아는 동화작가 교장선생님을 만나게 하시고 연결시켜 주셔서 드디어 우리 학교의 꿈나무들이 책을 출판하게 된 것이다.

두 권을 출판해서 한 권은 도서실에 기증하고 한 권은 학생이 가져가는 것이다. 1500만 원의 경비는 모두 학교 예산으로 할 수 있도록 예산편성을 해 놓았다. 학생들에게 모든 예산과 40여 년 경험한 노하우와 사랑을 쏟아부었다.

학생자치회와 학부모회 활성화

2022학년도 교육과정을 새롭게 구성하고 학생자치회실을 별도로 주고 간식도 제공하고 선생님들에게 정규적인 만남을 갖도록 지도했다. 학생자치회가 활성화되어 스스로 행사에 대한 아이디어를 내고 기획하고 하면서 아이들이 살아나는 모습을 볼 수 있었다.

학부모회가 활성화되어 민원전화만 하던 학부모들이 '책 읽어 주는 엄마'를 하고 행사를 직접 기획해서 아이들에 대한 프로그램을 진행하고 인형극과 연극을 연습해서 아이들에게 공연을 해 주기도 했다. 학교에 대해 긍정적인 태도로 학교에 대한 방관자가 아니라 참여자로 함께 하는 모습을 보여 주기 시작했다. 단기간에 놀라운 변화였다.

부임한 지 9개월 만에 '이제 됐다'

2022년 9월 1일 부임해서 학교경영을 고민하면서 일하기 시작한 지 9개월 만의 일이다.

'이제 됐다'는 생각을 하게 되었다.
"교장선생님이 하시겠다고 말씀하신 것들이 다 잘되는 것 같아요."

나는 교장! 나는 사모!

하나님을 믿지 않는 어떤 교사가 한 말이다.

창고 같은 교장실에서 학교경영을 구상하면서 나는 오는 선생님마다 만나는 학부모마다 비전을 소통하며 공유했다. 사실은 공유했다기보다는 선포했다. 나는 AI를 특화시킬 것이고 책 출판기념회를 할 것이며 학생자치회와 학부모회를 활성화시켜서 교육공동체 세 바퀴가 도는 신바람 나는 학교를 만들 거라고! 그러기 위해 공간혁신을 해야 하는데 발로 뛰어 예산을 확보해서 도서실과 AI실과 현관 등을 리모델링하겠다고 공헌을 했다. 이루어지기 전에 먼저!

지금 생각해 보니 혹시 안 되면 어떻게 하려고, 괜히 실없이 신뢰도 떨어지는 교장이 될지도 모르는데 공약을 선포해 버렸단 말인가? 공모교장도 아니고 2년 있다가 정년퇴직할 교장이!

나에게 지혜와 용기 주셔서 선포하게 하신 분은 말할 것도 없이 아버지 하나님이요, 아들 예수님이요, 보혜사 성령님! 삼위일체 하나님이시다. 그러면서 주무시지도 않으시고 졸지도 않으시고 하나님께서 직접 일하여 주셨다. 내가 한 일은 하루에 세 번! 학교를 하나님께 맡기는 기도를 올려드렸을 뿐이다.

학교에서 직접 일하시는 하나님!

놀랍다! 내가 생각해도 거의 기적적이다.

학교경영 연구보고서로 준비시킨 분이 누구신가?

내게 교장 발령난 학교에 적용할 수 있는 교육프로그램 아이디어를 주신 분은 누구실까?

필요한 예산을 받을 수 있도록 지혜를 주시고 방법을 알게 하시고 사람을 연결시켜 주신 분은 누구신가?

학교특색이나 역점사업, 학생자치회, 학부모회 등을 활성화시킬 수 있는 인재를 예비해 놓으신 분은 누구실까?

암만 생각해도 그 짧은 기간 동안 이 놀라운 일들을 하신 분은 '하나님' 밖에는 없다는 것을 인정하지 않을 수가 없다.

아이들이 좋아하니 학부모님들이 입소문을 내기 시작하고 주변 학교에 다니는 학생들이 전학을 오기 시작했다. 학부모님들이 교장선생님 정년 하지 말고 더 계시면 안 되냐고 하신다.

하나님만이 하실 수 있는 일이다.

예수님을 믿는 친구들 및 선생님들과 하루 세 번씩 학교를 위해 기도하고 카톡에 1, 2, 3을 표시하는 방법으로 기도했다.

'하나님께서 이 학교를 직접 경영하여 달라고!'

하나님께서 그 기도에 응답하여 주시고 가장 좋게 학교경영을 하여 주시고, 마귀가 붙들고 있는 이 학교에 **'여호와 닛시'**의 깃발을 꽂게 하시고

나는 교장! 나는 사모!

어둠을 몰아내고 빛의 세계로 인도하여 주신 것이다. 승리의 하나님! 할렐루야!

"그때에 아말렉이 와서 이스라엘과 르비딤에서 싸우니라 모세가 손을 들면 이스라엘이 이기고 손을 내리면 아말렉이 이기더니 모세의 팔이 피곤하매 그들이 돌을 가져다가 모세의 아래에 놓아 그가 그 위에 앉게 하고 아론과 훌이 한 사람은 이쪽에서 한 사람은 저쪽에서 모세의 손을 붙들어 올렸더니 그 손이 해가 지도록 내려오지 아니한지라 여호수아가 칼날로 아말렉과 그 백성을 쳐서 무찌르니라 모세가 제단을 쌓고 그 이름을 여호와 닛시라 하고" (출애굽기 17장 1절, 11절~13절, 15절)

스포츠데이를 예배로 받으시다

2022년 6월 10일 나를 전도해 준 영적인 친구이자 기도동역자 친구로부터 온 카톡 내용이다.

"한두 달 전에 아이들이 큰 강당에 모여서 부흥회 비슷한 예배를 보면서 자기를 따르는 꿈을 꿨는데 님 만족하면서 행복해 하는 꿈을 꿨어~ 너가 학교를 통해서 하나님께 쓰임받고 있구나 하는 생각했어~~ㅎㅎ"

5월 5일 어린이날 기념으로 4월 말에 스포츠데이 행사를 전교생이 강당에 모여서 했는데 에어바운스를 170만원에 대여해서 다양하고 신나는 체험을 하루 종일 실시했다. 코로나로 2년 동안 여러 가지 체험을 하지 못한 상태에서 거의 처음으로 한 이 행사를 아이들이 얼마나 기뻐했는지~~ 그 모습을 보니 얼마나 나도 기뻤는지~~ 6교시 내내 정말 에너지가 넘치게 뛰어다니고 체험한 후 집에 돌아가면서 더 체험하면 안 되냐고 응석을 부리던 아이들이 생각이 난다.

그런데 놀라운 것은 그 행사에서 당연히 성경말씀과 기도도 하지 않았지만 영적으로 마귀를 몰아내고 여호와 닛시의 깃발을 꽂은 상태에서 아이들이 강당에 모여 기뻐하는 모습, 그리고 나를 따르는 모습을 보면서 그것을 하나님께서 산제사로, 예배로 기뻐 받으셨다는 것이 놀라웠다. 엄청 새로운 영적인 체험이자 새로운 시각이었다. 희락의 하나님!

"오직 성령의 열매는 사랑과 희락과 화평과 오래 참음과 자비와 양선과 충성과 온유와 절제니 이같은 것을 금지할 법이 없느니라" (갈라디아서 5장 22절~23절)

할렐루야!
기도하는 대로 하나님께서 학교를 직접 경영하여 주시고 하나님께서 기뻐 받으시는 학교가 되게 인도하시는 것을 다시 한번 깨닫게 되어 많이 많이 기뻤다.

그런데 우리 학교 어린이들이 강당에서 스포츠데이를 하는 행사 모습을 우리 학교에 한 번도 오지 않은 기도의 동역자 친구 명선이에게 꿈으로 보여 주심으로 하나님께서 기도로 준비한 스포츠데이를 예배처럼 기뻐 받으셨다는 것을 알게 하신 것이 더욱 놀라운 것이다.

나는 교장! 나는 사모!

교회에서의 예배만 받으시는 것이 아니고 기쁨으로 가득 찬 교육의 현장에서 기뻐 받으시는 예배처럼 하나님께서 받으신다는 것이 새로웠다.

하루에 3번씩 학교를 위해 올려드리는 기도에 기름 부으사 영적인 희락이 흘러 넘쳐서 아이들에게 흘러들어간 것이 아닌가 싶다. 놀라운 체험이다.

예수님께서 오병이어에 축사하시사 5천명이 먹고도 12바구니가 남는 기적을 이루신 것처럼, 하나님께서 축사하시사 아이들이 느끼는 기쁨이 몇 배가 되어 기쁨이 충만하여 넘치는 영적인 분위기가 완전히 바뀌는 역사가 일어난 것이다. 기쁨의 오병이어의 기적!

마귀가 주는 것은 불안, 두려움, 낙심, 시기, 질투 등이요, 하나님께서 주시는 것은 희락과 평강과 기쁨과 희망 등 좋은 것인 것이다.

"도둑이 오는 것은 도둑질하고 죽이고 멸망시키려는 것뿐이요 내가 온 것은 양으로 생명을 얻게 하고 더 풍성히 얻게 하려는 것이라" (요한복음 10장 10절)

예산과 일군이 있는 학교!

2023학년도에 학교 시설을 새롭게 변화시킬 예산을 15억을 따왔다. 사실 6학급에서 어마어마한 일이다. 2023학년도에 공사를 시작할 것이고 내가 퇴직한 이후에도 진행될 것이다. 사람을 만나게 하시고 생각나게 하시고 되게 하시는 분은 말할 것도 없이 하나님이시다. 2023학년도에는 교육과정도 새로워졌다. IB관심학교, 탄소중립시범학교, AI선도학교, 학생맞춤형선도학교 등 6학급에서 한 가지도 힘든 선도학교 등을 4가지를 운영하고 있는 것이다. 물론 교사들을 비롯해 교직원들은 힘들다. 감사하고 미안하게 생각한다. 그러나 나는 학교의 리더로서 감히 이야기한다. 애쓰고 수고하는 만큼 학생들에게 열매로 나타날 것이고 우리들은 머물러있지 않고 성장할 것이다. 우리 함께 가 보자! 힘이 들어도 우리 교직원들이 하나가 되어 수고해 주니 얼마나 감사한지!

교회를 개척한 지 11년이 되었다. 항상 예산은 없으니 내가 채워야 하고 일할 사람도 없으니 내가 해야 한다. 그런데 학교는 본예산이 있고 별도의 예산은 내가 발로 뛰면 따올 수가 있는 것이다. 일할 사람은 아주 우수한 인재들이 대기하고 있다. 교대 성적이 아주 높았을 때였기에 SKY, 한의대에 합격하고도 교대를 선택한 인재들이다. 하나님께서 주시는 지혜로 교육과정 관련 아이디어를 내면 교사들이 실행해 낸다. 우리 학교는 면 소재지 점수(지역가산점)가 있어서 승진에 뜻이 있는 교사들이 있어 마인드 또한 준비되어 있다. 그리고 나 또한 밤에 자기 전에도 학교 경영을 어떻게 할까? 고심한다. 그것을 가지고 기도한다. 그리고 결정하고 교직원들에게 무엇을 하겠다고 선포한 일들은 처음에는 부정적인 표정으로 내가 받는다. '될까?' 그런데 한두 번 그렇게 해 보니 내가 선포한 것들이 모두 되어져가는 것을 지켜보는 교직원들은 아주 긍정적으로 따라오게 분위기가 바뀌게 되었다.

지금 시대는 무엇이건 어느 조직이건 리더를 하기가 힘든 세상이다. 옛

나는 교장! 나는 사모!

날 교장은 말이 곧 법이었을 때가 있었다. 지금은 어림도 없다. 무엇이든지 공동체가 협의해서 결정해야 된다고 하고 민주적인 학교 조직에 대한 공문도 수시로 내려오며 교직원들 조직문화도 그렇게 자리 잡고 있다. 교장이 교육과정을 새롭게 하려고 하면 그것이 모두 '일'이기 때문에 교직원들의 저항을 받게 된다. 그러니까 교장의 뜻대로 학교경영이 이루어지지 않는 곳이 많다. 그냥 교직원들에게 친절하게 대하고 칭찬의 말만 하고 베풀기만 하고 간섭하지 않는 교장이 최고로 인기가 좋다. 최고의 교장이라고 한다. 그것은 엄밀히 말하면 학교경영이 아니다. 인기작전하다가 놀다가 나오는 것이다. 그러기에 교육과정을 뒤집어서 새롭게 하는 교장이 그리 많지 않다고 말할 수 있다.

어느 시대에나 기류가 있다. 지금은 그런 시대이다. 그렇지만 교직에서 40여 년을 몸담고 있으면서 경험한 노하우와 현장연구와 실천으로 치열하게 살아온 세월동안 쌓여있는 지혜를 교장이 되어 열정을 쏟아붓는다면 교육현장은 보약을 먹게 되는 것이라 생각한다.

그런데 교육에 대한 노하우와 지혜만 있다고 해서 되는 것은 아니다. 문제는 조직관리이다. 교장으로서 내가 모든 일을 하는 것은 아니기 때문에 교직원들이 움직여주어야 한다. 그런데 무엇이든지 민주적으로, 협의해서~~ 이런 분위기 속에서 조금이라도 편한 쪽을 선택하는 그들을 어떻게 무엇으로 움직일 것인가? 그것이 관건이다.

우선 교직원들에게 해 줄 수 있는 것을 해 주었다. 작은 것이라도 사랑을 베풀려고 노력했다. 그런데 이것 가지고는 절대 되지 않는다. 정말 방해가 되는 부분은 과감하게 잘라내야 한다. 위험을 감수하는 것이다. 쉬운 일이 아니다. 그리고 지속적으로 비전을 이야기하며 공유했다. 희망을 제시했다. 그러면서 하나가 되어 갔다. 이제 교직원들도 힘들지만 노력해서 교육현장에서 되어져 가는 것을 바라보며 어느덧 하나가 되어 한마음으로 템포를 맞추며 달리게 된 것이다.

2년의 짧은 교장 재임 기간 동안 8년을 해도 못 하는 일을 했다고 감히 말할 수 있다. 그것은 되어진 결과보다는 '하면 되네!' 이것을 체감하게 한 것이라 생각한다.

그리고 결론적으로 이 모든 것은 하나님께서 하셨음을 고백한다.

IV

'교회개척'이라는
광야학교에서 만난 하나님!

2002년 1월 처음으로 본 환상 속의 용포 입은 남편의 모습이 목사님으로의 부르심이라는 사실을 10년 후 2011년 목사안수를 받게 되어 확증이 되었다.

목사안수를 받고 초신자로 들어가서 등록했던 교회에서 부목사를 하게 될 줄 알았는데 교회 개척의 길로 인도하실 줄은 상상도 하지 못했다.

나는 작은 일(?)은 순종하지 못하는 일이 많다. 그런데 큰(?)일은 하나님께 순종한다고 생각한다. 그런 나의 모습 가운데 어차피 내 고집 피워도 견인해서 부르신 그 자리에 있게 하시는 하나님의 전지전능하심을 알기 때문이 아닐까?

아니다. 하나님께서 나를 견인하지 않는다 하더라도 내게 손해가 가고 어쩌면 사지로 내몰린다 해도 나는 그 길을 갈 것이다.

왜냐하면 하나님은 나의 창조주요, 구세주요, 왕이요, 주인이시기 때문이다.

하나님께서 나를 먼저 사랑하셨고, 이제 나도 하나님을 사랑하기 때문이다.

나는 교장! 나는 사모!

그 길에 죽을 만큼의 아픔이 있어도, 삶을 포기할 것만 같은 힘듦이 있
어도 하나님의 뜻이라면 나는 그 길을 갈 것이다. 언제라도.

남편 목사님이 55세에 나는 52세에 교회 개척을 하게 되었다.

교회 개척을 할 때 나의 마음은 비장했다. 이 세상에 두려울 것도 없고
부러울 것도 없었다. 자신만만했다. 물속이라도 뛰어들고 불 속이라도
뛰어들 수 있었다.

그런데 놀랍게도 하나님은 그런 내 마음마저도 녹아지게 하시고 꼬꾸
라뜨리시고 또 이해할 수 없는 상황 가운데로 인도하셨다.

'교회개척'이라는 광야학교는 나에게 완전 새로운 고난의 시작이었다.

1.

개척교회 1

2011년 3월 목사안수를 받은 후 하나님은 목사님께 '개척을 하라'고 음성을 들려주셨다고 한다. '하나님의 명령이라면 순종해야지!' 생각하면서 기존의 교회인데 부흥해서 이사를 하거나 여러 가지 이유로 교회를 이전하는 곳을 알아보기 시작했다. 학교를 다니며 목사님과 함께 저녁시간과 토요일에 다녔다.

기도하며 하나님의 인도하심을 구하며 개척할 교회 자리를 알아보던 중 어떤 목사님으로부터 안산에 있는 침례교회 인수를 제의받았다. 성도가 30분 정도 계시는 상가 2층의 교회였다. 그 제의를 받고 그 교회를 놓고 집중해서 기도했다. 우리는 하나님의 뜻이 가장 중요했다. 교회를 놓고 기도하는 중 근육질의 커다란 쥐 환상을 보여 주셨다. 나의 경우 동물 중에서 쥐를 가장 싫어하기 때문에 꿈이나 환상 속에서 쥐가 나오는 것은 흑암의 세력을 의미한다. 사단마귀, 귀신 등~~ 성도 중에 목사님을 대적하며 마귀의 역할을 하는 성도가 있다는 뜻으로 해석했다.

그래도 '흑암의 세력을 걷어내는 일이 목사의 역할이 아닙니까? 하나님

나는 교장! 나는 사모!

의 뜻이라면 가겠습니다.' 하는데 하나님의 응답이 없는 것이다.

며칠 후 김포 풍무동에 있는 교회가 나왔다고 해서 가 보았다. 그 교회는 홈플러스를 가면서 내가 항상 참 좋은 교회 부지라고 생각하면서 저곳에 가서 목회하면 얼마나 좋을까? 생각했던 교회이다. 들어가 보니, 너무나도 신실하고 착하신 목사님과 사모님이 아름답게 목회를 하고 계신곳이었고 그곳에서 처절하게 목회하는 현장을 지켜보게 하셨다. 난 마음이 평안했고 (학교도 가깝고, 이사 오면 집도 가깝고…) 이곳이 하나님께서 예비하신 곳이 아닌가? 라는 생각을 하게 되었다. 그런데 월세 부분이 문제가 되는 것이다. 3000만 원에 135만 원은 우리에게 너무 부담이 되었다. 그러니 그 목사님께는 얼마나 부담이 되었을까? 1억에 60만 원으로 조정되기를 기도했다. 그러나 기도 응답이 없었다.

또다시 광주에 300평 전세 교회가 나왔다. 기도해 보니 남편이 자이언트처럼 큰 모습이 보이고 활력 있게 사역하는 모습의 환상이 보여 응답으로 생각했다. 현실적인 모습은 너무 힘들 것 같은 생각이 드는데, **'하나님의 뜻이라면 그렇게 해야겠지!'** 생각했다. 그러나 추진이 되질 않는다.

교회 개척을 위해 많이 돌아다니면서 힘이 들었다. 난 몸도 힘들고 몸이 힘든 만큼 기도는 줄고 지치고 기쁨을 잃어버리고 있었다.

'이건 아니다'는 생각에 정신을 차리고 남편이 가 보자고 하는 모든 교회 자리를 보러 가는 것을 마다하고 기도에 전념했다. 교회와 상관없는 하나님의 은혜를 회복하면서 감사가 내 안에서부터 나왔다. 교회개척이 문제가 아니고 항상 난 하나님과의 관계가 가장 중요한 것이고 전부라는 생각을 다시 한번 해 보았다. 그러면서 평안함이 오고, 나에게 다시 한번 하나님이 주신 약속이 떠올랐다.

그리고 2010년 12월에 하나님께서 들려주신 음성이 생각났다.

"너를 성결하게 하고 목사안수를 값있게 받고 예비한 것을 받아라!"

'하나님께서 예비해 놓으신 것이 있다고?'
'목사안수를 값있게 받았으니 이제 예비된 교회를 주시겠네!'

이런 생각이 들면서 때와 시는 하나님의 주권이지만 그리 멀지 않은 때에 주시리라는 생각이 들었다.

그러면서 하나님께 감사하고 있는데, 또 하나의 환상을 보여 주셨다.

나무로 된 교회 강대상에 키가 작은 남자가 양복을 입고 마이크를 들고 누군가를 소개하고 있고 옆에 남편과 내가 한복은 아니지만 꽤 차려입은 모습으로 소개받는 것처럼 서 있는 모습이었다. 개척교회가 아니라 부임하는 모습이었다. 그런데 그 강대상이 바닥이 빨간 융이 깔려 있었다.

'그렇다면 그 예비된 교회가 개척교회가 아니라 부임하는 것인가?'

나는 교장! 나는 사모!

하나님께서 보여 주신 환상은 너무 선명하고 시간이 오래 지나도 절대 잊히지 않는다. 그런데 그것이 현실로 실현되기까지는 그때와 시를 알 수 없으며 또 어떤 경우 하나님의 뜻과 상반되게 내가 해석을 할 때도 있다. 그래서 그 해석을 놓고 기도할 때가 많다. 그러나 결국 그 일이 이루어지게 될 때 그 환상의 정확성과 분명함에 소름이 돋게 된다.

그리고선 하나님의 일하심을 기대하는 마음으로 기다리게 되었다. 할렐루야~

내가 가장 좋아하는 찬양

'주님 말씀하시면 내가 나아가리다. 주님 뜻이 아니면 내가 멈춰 서리다'

내가 가장 좋아하는 찬양이자 하나님을 향한 나의 신앙고백이기도 하다. 모든 문제가 그렇지만, 하나님께서 부르신 곳에서 사명 감당하는 것이 나의 최선의 최고의 선택이라 생각한다.

주님 말씀하시면 내가 나아가리다
주님 뜻이 아니면 내가 멈춰 서리다
나의 가고 서는 것 주님 뜻에 있으니
오 주님 나를 이끄소서

뜻하신 그곳에 나 있기 원합니다
이끄시는 대로 순종하며 살리니
연약한 내 영혼 통하여 일하소서
주님 나라와 그 뜻을 위하여
오 주님 나를 이끄소서

뜻하신 그곳에 나 있기 원합니다
이끄시는 대로 순종하며 살리니
연약한 내 영혼 통하여 일하소서
주님 나라와 그 뜻을 위하여
오 주님 나를 이끄소서!

모든 것이 순적하게 하나님의 뜻대로 되길 원하면서 기도하고 있었다.

이제 2011년 6월이 되었다. 목사안수 받고 개척교회를 준비하기 시작한 지 3개월이 지난 어느 금요철야예배 때 하나님께서 음성을 들려주셨다.

"내가 이제 너를 높일 것인데, 너는 많은 사람들을 너그럽게 봐 주어라.
그래야 너를 높인 내가 너를 통해서 영광받을 것이 아니냐?"

항상 하나님을 체험하는 것은 참 놀랍고 새롭다. 똑같은 하나님이 아니시고 언제나 새롭기 때문에 놀랍다.

나는 교장! 나는 사모!

하나는 이제 하나님께서 정말로 나를 높여 주실 것인가 보다…. 이런 기대와….

또 다른 하나는 이제껏 한 번도 나의 인간관계에 대해서 말씀하시지 않아서 정말 신기할 정도로 내 편이시라는 생각을 했는데, 이제 하나님께서 내가 베풀만한 위치가 될 것이니 많은 사람들의 실수와 허물들을 넉넉히 덮어 주라고 말씀하시는 것이다.

내 성격 중에 다른 사람의 허물을 꼭 짚어 이야기하고 싫은 소리를 하는 좋지 않은 부분이 있다. 그것이 인간관계를 해치게 한다. 개척교회를 앞두고 처음으로 말씀하시는 것이다. 지금까지는 남편에게 순종하지 못하는 부분만 말씀하셨는데~

"그래! 어떤 분의 말씀이라고?"

"하나님~ 알겠습니다… 그렇게 하겠습니다… 순종하겠습니다!"

말씀드리며 가슴이 벅차올랐다.

'앞으로 내가 하나님 말씀에 순종하지 못할 일들이 생길 수 있다. 그때 난 반드시 이 말씀을 기억하고 사람들을 품을 수 있는 능력을 내게 주신 하나님을 영화롭게 할 것이다.'

결심하고 또 결심했다.

과연 나는 하나님의 이 명령에 순종할 수 있을까?

그러던 어느 날 목사님께서 특별한 소식을 갖고 오셨다. 기독교한국침례회 소속 교회가 있는데 우장산역 근처 지하에서 개척을 한 후 부흥을 해서 확장 이전을 하는데 담임목사님께서 하나님께 받은 명령이 있어서 이 교회 보증금 2천만 원과 성물들을 그대로 두고 갈 뿐 아니라 1년간 월세 100만 원을 지원해 주겠다는 것이다. 그런데 전교인이 하나님께서 예비된 교회에게 이 교회를 줄 수 있도록 하나님의 뜻대로 선정되게 해 달라고 기도를 하고 있다는 것이다.

물론 적지 않은 개척을 준비하는 목사님들이 지원을 하셨다고 한다. 우리 목사님도 신청서를 냈다. 그리고 몇 주 후 연락이 왔다. 우리 목사님께 기회를 주겠다는 것이다. 이제 또 생각이 난다.

"너를 성결하게 하고 목사안수를 값있게 받고 **예비한 것을 받아라!**"

2010년 12월에 하나님께서 들려주신 음성!

예비된 것이 이 우장산의 교회였구나! 소름이 끼쳤다. 오! 놀라우신 하나님! 할렐루야!

하나님의 전적인 은혜로 2011년 11월 6일 우장산에 '시냇가에 심은나무 교회'를 창립하게 되었다. 어찌 보면 하나님의 계획 속에서 만날 사람을 만나게 하시고 사람의 마음을 움직이시고 섬세하게 일하셔서 교회를 개척하게 된 것이다.

주변에서 나를 걱정해 주는 사람들이 많았다. 개척교회가 그렇게 힘들다고 하는데 학교 다녀가면서 어떻게 감당할 것이냐? 몸 조심해라! 등등.

그런데 나는 걱정이 하나도 안 될 뿐만 아니라 자신이 만만했다. 지금 생각하니 참 어이가 없는 일이다.

'세상일도 열심히 하다 보면 안 되는 일이 없는데, 하나님의 일도 마찬가지지. 지금처럼 열심히 말씀과 기도로 영적인 무장을 하고 전도하고 하면서 교회를 세우면 되지!'

이렇게 생각했다.

개척교회 창립일에 초신자 때부터 목회자가 되기까지 함께 했던 광명에 있는 침례교회 담임목사님과 성가대 및 많은 성도님들이 오셔서 창립기념예배를 은혜 가운데 드렸다. 참 감사했다.

친정이나 시댁이나 믿는 사람이 없고 오직 남편과 나는 주님만 믿고 의지하며 나갈 수밖에 없는 상황이었다. 개척한다고 하면 친척들이 붙어서 기도해 주고 도와주고 하는 것이 얼마나 부러웠겠는가? 그런데 초신자 때 신앙생활 했던 교회에서 오셔서 함께해 주시니 얼마나 감사했는지 모른다. 큰 위로를 받았다.

목동에서 우장산 교회에 가서 새벽기도를 드리고 다시 목동으로 와서 출근 준비하고 김포로 가서 아이들 가르치고 학교일과 수업실기대회 등 개인적인 승진 일을 하고 우장산 교회로 와서 저녁을 대충 차려먹고 매일저녁 8시에 기도회를 했다. 9시부터 전도지를 들고 나가서 밤늦게까지 우장산역에서 쏟아져 나오는 사람들에게 전도를 했다.

토요일이면 교회에 나와서 주일 식사 준비를 하고 길거리 전도를 하고 주일이면 예배와 식사와 오후예배와 전도로 하루가 다 갔다. 식사 준비는 도와주는 집사님을 하나님이 보내주셨고 설거지는 내가 혼자 했다. 개척교회 와서 설거지만 한다고 시험 들까 봐서~~

내가 생각해도 내가 놀라웠다. 집안일도 음식도 잘 못하는 내가~~

전도지를 돌린 사람들 중에는 한 명도 전도가 되지 않았는데 전도를 열심히 하는 모습을 보시고 가상히 여기셨는지 하나님께서 어디선가로부터 한 달에 한 가정씩을 보내주셨다. 7개월이 지났을 때 7가정이 함께 예배를 드리고 있었다.

우장산 지하 교회 개척의 영적 가치를 보여 주신 환상

2011년 개척을 시작하기 4년 전, 2007년 10월 19일 금요철야예배 때 기도 중 환상을 보여 주셨다.

남편이 땅 속에 큰 나무의 뿌리와도 비슷하게 있고 그 속에서 두 개의 가지가 뻗어나오는데, 하나는 아들이고 하나는 딸인데 아주 잘 커나가더니 종국에는 엄청나게 키가 크고 실하고 잘생긴 나무로 멋지게 뻗어나갔다. 나는 그 나무와 뿌리 옆에 있는데 키가 크진 않지만 건장한 나의 모습 그대로 그러나 탄탄하고 실하게 서 있는 모습을 보여 주셨다. 남편이 땅

속에서 답답해하지 않을까? 라는 생각이 들었는데 남편은 그 땅 속에서
답답해하지 않고 너무 행복해 보이는 모습이었다.

이 환상이 2011년 11월 6일 우장산역 지하상가에서 시작한 개척교회 때의 일을 예언해 주신 것이라는 것을 4년 후에 알게 되었다. 하나님은 개척교회 담임목사로서 영적인 일들을 감당하는 남편을 통해 나를 단단하게 세우시고, 정아와 항수 후손만대에 큰 축복을 주실 것을 예언해 주신 놀라운 축복의 예언 환상이었다.

가정의 머리 되신 남편이 주의 종으로 세워지면서 지하 개척교회에서 하나님의 말씀의 권능을 붙들고 복음을 선포하며 주의 일을 감당하니 마귀에게 우겨쌈을 당하던 우리 가문이 영적으로 든든하게 세워지게 된다는 것이다. 물이 위에서 아래로 흐르는 것처럼 질서의 하나님은 가정과 교회의 머리로 세우신 남편을 통해서 나와 자녀들에게 축복이 흘러내리게 하시는 것이다.

지하교회에서 실제로 목사님은 행복하게 목회를 하셨고, 이유도 모르고 당했던 고난들이 해석되고 믿음의 가문이 세워지고 있다는 확신이 들었다.

목사님이 주의 종이 되어 개척교회를 하게 된 것은 누가 뭐라고 해도 어마어마한 축복이라는 것을 깨달았다. 그 영적인 의미를 깨닫게 하신 것이 참 감사했다.

지하 교회에서의 사역으로 잃어버린 후각

그렇게 재미있게 열심히 개척교회를 하고 있던 중 어느 날 주일예배를 드리는데 성도님이 나보고 밥 탄 내가 난다고 하는 것이다. 평소에 밥을 전기밥솥에 하는데 그날은 콩나물밥이라 솥에 앉혀서 가스불에 밥을 하고 있었는데 밥 탄 내가 난다고 해서 부엌에 얼른 들어가 봤는데 아무리 냄새를 맡아도 냄새가 나지 않는다. 그런데 뚜껑을 열어 보니 밥이 탄 것이다.

나는 너무 피곤해서 감기를 앓았는데, 약을 먹어도 낫지 않고 감기가 있는데 또 걸리고 또 걸리고 해서 코와 목이 거의 마비될 정도였던 상태였다. 나는 한 가지를 생각하면 오로지 그것에 빠져서 다른 걸 생각을 하지 못하는 성향이 있다. 몸도 돌보면서 해야 했는데~~

동네 병원에서 의뢰서를 끊고 연대 세브란스 병원에서 각종 검사를 했다. 결과는 후각세포가 100% 파괴되었다는 것이다. 회복은 거의 불가능하다고 한다.

집에 와서 생각해 보니, 내가 너무 내 몸을 함부로 다뤘구나! 하는 후회도 있었지만 다른 각도로 생각해 보니 나도 예수님의 흔적을 내 몸에 지니게 되었다는 생각도 들었다. 그래서 감사했다.

'스티그마'

"이 후로는 누구든지 나를 괴롭게 하지 말라 내가 내 몸에 예수의 흔적을 지니고 있노라" (갈라디아서 6장 17절)

복음을 전하기 위해 받는 고난으로 인해 얻은 병이나 상처를 예수님의 흔적 즉 '스티그마'라 하지 않던가?

영적 질서를 세우시는 하나님을 경험한 일

남편 목사님을 개척교회의 영적 리더로 세우신 하나님께서 영적 질서를 나에게 각인시켜 주신 일이 있었다.

개척을 한 지 한 달도 채 되지 않았을 때였다. 우장산역 개척교회에 저녁에 퇴근하고 갔는데 목사님은 지방회에 가고 안 계셨다. 혼자서 저녁 기도회 기도를 해야겠다고 생각하고 평소 목사님께서 기도하시는 강대상 앞에 넓은 기도방석에 무릎을 꿇으려고 하는 찰나에~

"니가 왜 거기에 앉느냐?"라는 급한 음성이 들렸다.

너무 깜짝 놀라서 바로 강대상을 내려와 뒤에 의자에 앉아 기도하면서 만감이 교차했다.
'이제 나는 쓰임받지 못하는구나~' '열심인 체해도 난 2번이야.' 서운했다.

'목사님의 권위는 하나님께서 주신 것이기에 그 권위는 엄중하게 잘 지

켜드려야 하는구나~'

질서의 하나님을 경험했다. 하나님께서 머리로 세운 분은 목사님이고 그 권위에 반드시 순종하기를 가르치고 명령하고 계셨던 것이다.

개척교회를 이용하는 세상 사람들!

어느 날 월요일 퇴근하고 교회에 왔더니 목양실에서 만삭의 젊은 여인이 목사님과 이야기를 나누고 있었다. 이야기인 즉슨, 자기가 아기를 낳아야 하는데 몸 풀 곳이 없으니 도와달라는 것이었다.

내가 딱 보니 만삭인 여자의 얼굴도 아니고 바구니를 배에 업었는지 배 모양도 임신한 여자의 배도 아니다. 여자는 촉이 있지 않는가?

목사님은 바쁘다. 일단 봉투를 마련하고 교회에 있는 생필품 등을 챙겨주면서 교회에 방을 마련하여 기거하게 할 테니 꼭 다시 오라고 말씀하시는 것이다. 그 여자가 어디를 꼭 갔다 와야 할 곳이 있으니 수요일에 오겠다고 한다. 그럼 수요일까지 이 돈으로 버티다가 그때까지 대책을 마련해 놓겠다고 하고 보내드렸다.

목사님의 마음은 측은지심도 있겠고 한 영혼이라도 전도하고 싶은 마음이 있으리라 생각한다. 그렇게 그 여자는 갔다. 물론 나는 그 앞에서 그 봉투를 뺏고 '개척교회 목사님을 그렇게 속여 먹으면 벌받는다. 땀 흘려서 살아라!'라고 호통을 쳐서 쫓아낼 생각이 있었다. 그러나 그렇게 되면 진심을 다하시는 목사님은 어떻게 될 것이며 그 여자 또한 본인이 잘못했으면서도 교회를 욕하고 다니지 않겠는가? 그래서 그렇게 여자를 보내주었다.

"목사님! 수요일에 그 여자는 안 와요. 그 여자의 목적은 봉투였고 가지고 갔으니 끝이에요."

그랬더니 **"그럼, 어려운 사람 도와줬다 생각하면 되지 뭐!"** 그러시는 것이다.

하나님께서 남편을 주의 종으로 선택해서 이 길을 가게 하기 위해 물질과 여러 가지 고난을 통해 훈련을 시키신 것은 알고 있었다. 그 어려움 속에서 딸과 아들을 미국 유학으로 인도하셔서 내 월급으로 감당이 안 되어융자에 융자를 거듭하면서 아이들 가르치고 남편 신학대학원 뒷바라지에 이제 교회의 재정까지 책임져야 되지 않을까? 생각하고 있는 터에, 어려운 사람 도와줬다 생각하면 된다고 하는데, 참 기가 막힌다. 나를 '융자의 여왕'으로 만들어 준 사람! 이제 주의 종이 되어 하나님께서 하실 것이니 신경 안 써도 된다고 생각했는데 다시금 잠시 잊고 있었던 상처가 올라오는 것을 느꼈다.

어느 날은 우장산 역 주변에 있는 거지들이 돌아가면서 교회에 와서 구걸을 하는 모습을 본다. 목사님은 1000원짜리 돈을 미리 준비해서 한 번올 때마다 1000원씩을 주신다고 한다. 거지들은 주변에 교회들을 도는데 일주일에 2번이나 이렇게 나름 규칙을 정해서 여러 명이 그 영역을 돌아서 구걸을 한다고 한다. 자기들 나름대로 일주일에 얼마 정도의 수입을 계획해서 동선을 정하는 것 같다. 작은 교회만 도는데 그 이유는 큰 교회는 목사님을 만날 수도 없고 어디 계신지도 모르고 어디로 가야 할지도 모르기 때문일 것이다.

어려서 공주로 자라서 선생님이 되고 결혼해서 누리고 살다가 어느 날 찾아온 알 수 없는 고난으로 모든 물질이 날아가고 그랬어도 나는 언제나 학교에 가면 선생님이었고 내 주변에 있는 내가 만나는 사람들은 다 기본이 되어 있는 사람들이었다. 개척교회를 열어 보니 그동안 내가 겪지 못한 세상을 만나게 되는 것 같다. 하나님께서 개척의 길을 가라해서 순종하는 마음으로 이 길로 들어서서 몸이 상하도록 열심히 하고 있는데 그 열심은 복음 전하고 말씀과 기도와 전도와 섬김인데, 그런 것 말고 다른 도저히 겪어 보지 못한, 이야기도 들어보지 못한 사람들과 환경을 만나게 되는 것이다. 이 왕공주로 자라나고 살아온 내가 살아 계신 하나님을 만나고 여기까지 낮아졌으면 된 것이 아닌가? 이런 교만한 생각이 올라오고 이런 모든 낯설고 기막힌 상황을 맞닥뜨리는 것이 나에게 참 버거웠다.

열심히만 하면 되는 줄 알았는데 그게 아니었다. 이제야 조금은 알 것 같았다.

'너는 많은 사람들을 너그럽게 봐주어라.'라고 말씀하신 하나님의 뜻을 말이다.

나는 교장! 나는 사모!

하나님께서 나를 알고 모든 걸 알고 계시니 넉넉한 마음으로 품고 나아가지 않으면 안 되기에 이런 말씀을 해 주신 것이다. 사실 이건 명령이었다. 그 당시는 목숨이라도 걸어야 되는 개척교회에서 '겨우 사람들을 너그럽게 봐 주기만 하면 되는 거네? 그것도 못 할까 봐!' 했는데~~~ 하나님께서 나를 알기에 내가 가장 하기 어려운 그리고 가장 필요한 부분을 순종하라고 명령하신 것이었다.

나는 동분서주하며 교회일, 학교일에 몸도 마음도 지쳐 가는데 목사님은 지방회 가서 목사님들 만나고 예배 말고는 자유로운 시간을 사람들 만나는 데 사용하셨다. 기도와 말씀과 전도로도 부족할 시간을 내가 보기엔 참 헛되이 사용하는 것 같았다. 사실은 사람을 만나야 전도도 되는 것이고 나와는 생활패턴이 다르다고 이해하면 되는 것일 수도 있다. 그런데 나는 목사님이 예전과 달라진 것이 없다는 생각이 들었다. 그러면서 나의 교만이 또 머리를 드는 것이다.

"그런데 하나님! 왜 우리 남편을 목사로 선택하셨어요? 나를 선택했으면 교회에 올인해서 얼마나 열심히 했을 텐데!"

하나님께서 개척교회를 하기 전에 내게 하셨던 두 가지 명령이 또 떠오른다.

하나는 '많은 사람을 너그럽게 봐줘라!' 또 하나는 '목사님(남편)께 순종해라!'

참! 기가 막히다. 첫 번째도 나는 그렇게 순종이 안 되는데 두 번째 또한 그렇게도 순종이 안 되는 것이다. 하나님도 그러실 것 같다.

"이희열! 너를 어쩌면 좋으냐?"

"하나님! 저는 학교로 교회로 집으로 동분서주하며 열심히 하는데 목사님은 내가 생각하기에 놀멍놀멍 하고 있는데 이게 말이 됩니까?"

'따지기 대장 따쟁이! 어쩌려고 목숨 걸고 사랑하는 하나님의 명령에 순종은 안 하고 따져 대니?'

갑자기 하염없이 눈물이 쏟아졌다. 회개의 눈물이었다. 하나님의 명령에 순종하지 못했음을 회개했다. 그러나 그것만은 아니었다.

'아무리 열심히 살아도 안 되네! 안 되잖아!'
'왜 이리 우리 집은 나 혼자만 열심히 사는 거야?'
'남편과 딸과 아들을 머리에 이고 열심히 일하는 모습이 나 같아!'

하면서 무한히 좌절이 되는 것이다.

보람이 있다면 몸이 망가지도록 열심히 살아도 된다. 그런데 아무리 생각해도 남편과 아이들을 위해 사는 것은 '밑 빠진 독에 물 붓기' 같았다. 내가 학교에서 하는 일은 일당 백! 알아서 해야 하고 나머지는 각자 열심

나는 교장! 나는 사모!

히 살아 줘야 하는데 유학 간 아이들도 돈만 억수로 들어가고 '밑 빠진 독에 물 붓기'란 생각이 들고 남편도 마찬가지란 생각이 들면서 낙심의 구렁텅이에서 헤어나오지 못하는 힘든 밤을 보냈다. 다 버리고 싶다. 나 혼자라면 얼마든지 우아하게 의미 있는 삶을 살 수 있을 텐데~~

"이에 예수께서 제자들에게 이르시되 누구든지 나를 따라오려거든 자기를 부인하고 자기 십자가를 지고 나를 따를 것이니라" (마태복음 16장 24절)

'그래! 예수님만 따르라고 하신 것이 아니라 나를 부인하고 자기 십자가를 지라고 하셨지?'
'그래! 내가 펄펄 살아서 날뛰니 선악과를 따 먹은 아담의 후손으로서 얼마나 옳고 그름을 잘 따지고 있는가? 나를 부인해야 하는데. 그리고 자기 십자가! 결국 나는 남편과 딸과 아들이 나의 십자가란 생각이 들면서 이 십자가를 지라고 하셨으니 아무리 힘들어도 지고 가야 돼!'

다시금 나의 어리석음을 회개했다.

말씀만이 내 생각과 내 감정과 내 의지를 영의 생각과 영의 감정과 영의 의지로 변화시켜 예수님께 복종하고 예수님이 주시는 새 힘으로 일어설 수가 있는 것이다.

지하 교회에서 물이 차게 되는 사건!

어느 날 새벽기도를 하려고 교회를 나왔는데 교회 바닥에 물이 한강처럼 차 있는 것이다. 너무 놀래서 물을 퍼서 1층 도로 하수구에 쏟아 버리는 작업을 새벽 기도로 대신했다. 집에 갈 시간이 없어서 교회 부엌에서 고양이 세수를 하고 학교에 갔다. 참! 누가 보면 정말 미친(?) 선생님이지 않을까? 어떤 선생님이 그렇게 하고 학교에 출근을 하고 있는가?

그러기를 몇 차례 해서 건물 주인에게 말씀드렸더니, 누수의 원인을 찾아야 하니, 지하를 비워 달라는 것이다. 건물주는 그런 건물이 몇 개나 되는 부자였다. 우리도 그렇게 계속 물이 차는 곳에서 있을 수도 없고 방법이 없다고 생각하고 기도를 하면서 이사를 결정했다.

우장산 지하교회에서 개척한 지 7개월이 지났을 때였다. 하나님께서 '예비한 것을 받으라' 해서 이곳에 개척하고 나에게는 그 어떤 대성전 보다 귀하고 감사했던 곳이었다. 비록 지하였지만 참 열심히 사역했고 하나님께서 한 달에 한 가정씩 보내 주셔서 7가정이 가족처럼 하나님께 예배드렸던 교회였는데 이제 어디로 가야 하나?

2.
개척교회 2

'하나님! 이제 어디로 가야 합니까?'

기도를 하고 있었다. 그때 김포시에 신도시 아파트가 들어서고 있었고 함께 상가를 짓고 있었다. 학교도 김포로 다니고 있으니 목사님은 김포신도시에 있는 상가에 들어가서 기도로 준비하고 기다리다가 아파트가 입주 후 전도하면 좀 더 부흥이 수월하게 되지 않을까? 생각하신 것 같다. 그래서 신도시 상가를 보러 많이 돌아다녔다. 가격은 꽤 비쌌다.

그렇게 하고 있는데 목사님이 총회 홈페이지에 고촌에 있는 공실 상가 2층이 있는데 교회 자리로 공지되어 있는 것을 보셨다고 한다. 어떤 목사님이 공지사항에 올려놓으신 것 같다. 그래서 고촌에 가 보게 되었다. 고촌 한화아파트 400여 세대 안에 있는 2층 상가 중 2층이었다. 1층에는 치킨집, 미용실, 부동산 이렇게 있었고, 2층은 예전에 피아노학원도 있고 했었다는데 언제부터인가 공실이라는 것이다. 거미줄이 있고 창고처럼 뭔가 폐기해야 할 물건들이 꽉 차 있었다.

당연히 마음에 안 들었다. 밖에 있는 도로에서는 상가가 보이지도 않았고, 만약 교회가 들어오려면 그 물건들을 치우고 리모델링을 해야 하는 건데 이중으로 돈도 들고 고생도 되고 맘에 들 리가 없었다. 그런데다가 경매에 넘어갔던 적이 있는 상가이고 지금은 대출 1억 4천은 신한은행이 1순위에 잡혀 있고, 우리에게 조건을 내세우는 것은 1억 전세로 들어오라는 것이다. 리모델링 비용은 또 별도로 들어야 하는 것이고~~ 생각할 것도 없었다.

그런데 교회 이전을 놓고 기도하면 정말로 들어가고 싶지 않은 고촌 상가 2층이 생각나게 하신다. 참 이상하다 하고 그냥 넘겨 버렸다. 그런데 기도만 하면 그곳이 떠오르는데 이제 거부할 수가 없게 된 것이다. 현실적으로 그 상가를 들어간다는 것은 바보천치도 안 하는 짓인 것이다.

어느 날, 기도하는데 하나님께서 음성을 들려주신다. "고촌에 집도 있고 교회도 있다."
그렇다면 한화아파트를 말씀하시는가? 하는 생각이 들어서 집을 한번 알아봤다. 전세자금은 목동빌라를 전세로 놓고 들어가면 거의 맞을 것 같았다.

그래서 하나님께 만약 정말 고촌의 상가로 교회를 이전하시길 원하신다면 기드온의 증거를 달라고 기도하기 시작했다.

"하나님! 1억이라는 돈이 있어야 고촌으로 들어가는데 지금은 그 돈이

없습니다. 더 이상 융자를 받을 수도 없습니다. 만약 융자받을 수 있는 방법이 있다면 하나님의 뜻인 줄 알겠습니다."

그리고는 우연히 아파트 상가 부동산에 들어가 전세에 대해 이야기하던 중 처음으로 알게 된 사실이 있었다. 아파트 전세를 얻으면 전세자금 대출을 해 준다는 것이다. 대출이 얼마나 되는지 알아보니 상가에 들어갈 때 부족한 딱 그 금액인 것이다. 목동빌라 전세 놓고 한화아파트 전세를 들어가고 전세자금 대출을 받아서 교회를 얻으면 되는 것이었다. 첫 번째는 그렇게 응답을 받았다.

그런데 그래도 고촌상가에 들어가고 싶지가 않았다. 한 번 더 하나님께 응답을 주시면 하나님 뜻인 줄 알겠다고 기도를 했다. 그래서 만약에 1억이라는 전세금도 필요하고 리모델링비도 필요한 상황인데 리모델링비를 천만 원 정도를 깎아준다고 주인이 그러면 하나님의 뜻인 줄 알겠다고 기도를 했다. 그리고 주인에게 여쭤봤는데 주인이 천만 원을 깎아준다고 하는 것이다.
그래도 기쁘지도 반갑지도 않았다. 또 기도를 했다.

"하나님! 이번엔 세 번째이자 진짜 마지막입니다. 만약 제가 오늘 학교에서 퇴근해서 목사님께 여쭤봤을 때 목사님이 고촌으로 들어가자고 하시면 정말 하나님의 뜻인 줄 알고 더 이상 하나님을 귀찮게 하지 않고 무조건 들어가겠습니다."

왜냐하면 목사님도 위험한 상황을 당연히 모두 알고 계시기에 고촌으로 들어간다고 하시지 않을 것으로 생각했다. 그러고선 학교에서 퇴근을 하고 여느 때처럼 우장산 교회에 도착을 했다. 목사님께 여쭤보았다.

그랬더니, **"그냥 고촌으로 들어가지 뭐!"** 하신다.

"알겠습니다. 하나님! 하나님께서 선한 길로 인도하실 줄 믿습니다!" 하고 하나님께 손을 들었다.

고촌 상가에 있는 물건들을 모두 치우고 리모델링을 시작하였다. 한두 달여가 걸렸다. 하나님께서 목사님에게 어떤 안수집사님을 만나게 하셨는데, 7년 전 폐암 4기로 병원에서 준비하라는 이야기를 들은 상황에서 하나님께 기도로 매달려 기적을 체험하고 제2의 인생을 살면서 그때부터 교회 리모델링은 아주 저렴하게 해 주신다는 집사님이셨다. 인건비를 아끼기 위해 목사님이 인테리어 보조일을 하셨다. 목사님도 그런 일 해 보신 적도 없는데 이번 기회에 몸으로 주님께 헌신을 하게 되었다. 그렇게 리모델링을 마친 후 드디어 고촌성전으로 이전을 하게 되었다.

2012년 6월 24일!

우장산에서 보내주신 7가정은 모두 함께 오지 못했다. 그중 한 가정이 몇 번은 고촌으로 오셨으나 서울에서 김포시로 오는 것인데 쉽지가 않았다. 결국 남편과 나는 두 번째로 개척을 하게 되었다.

목사님이 상가 주인을 전도를 했다. 상가 주인이 고촌성전 1호 성도님이 되셨다. 이분은 성품이 좋으셨다. 예전에 성당을 다니셨던 분이셨다. 대기업을 다니시다가 사업을 시작하셨는데 사업이 쫄딱 망하면서 부인과 친척들에게 부채로 피해를 주고 사채도 끌어서 썼던 상황이었다. 힘든 정도가 뭐라 표현할 수 없을 정도였다. 기도하며 위로하며 그렇게 함께 신앙생활을 하게 되었다.

경매에 넘어간 고촌성전

그런데 이전한 지 얼마 되지 않았을 때 고촌성전이 경매에 넘어갔다고 연락을 받았다.

개척교회라는 것이 내가 생각한대로 복음을 전하고 영혼을 구원하고 말씀과 기도로 양육하여 하나님의 제자 삼는 그 일만으로 생각했던 것은 정말 나만의 착각이었을까? 내가 지금까지 살면서 겪어 보지 못한 일들을 하나님을 믿고 난 뒤 당했고(가정의 경제적 몰락) 개척교회를 하고나서부터는 상상도 못 해 본 일들을 당하는 것이다.

상가주인 성도님이 힘든 상황이니 이자를 못 낸 것이고 우리에게 숨기고(?) 전세를 놓게 한 것이다. 그 전세자금 받아서 사채 빚도 조금 갚고 필요한 것 조금 쓰니 금방 훅 날아간 것이다. 너무 나쁜 사람 아닌가? 경매 넘어갈 줄 뻔히 알면서 개척교회를 해 보겠다고 융자 얻어서 들어온 목사님, 사모님한테 이런 짓을 하다니! 오 마이 갓!

그런데 그 성도님은 주일을 한 번도 안 빠지고 출석하시면서 진심어린 표정으로 원래 그런 의도는 아니라고 말씀하신다. 참! 나는 노력하면서 정직하게 살면 그만큼의 성과가 있는 학교라는 온실 속에서 살아왔던 사람이다. 성격도 뭔가 딱딱 틀이 맞아 떨어져야 속이 시원한 성격인데, 하나님 명령에 순종하여 개척교회를 하는 우리에게 이런 일이 일어나는 것은 도대체 하나님의 뜻이란 것이 있단 말인가? 이해할 수 없는 이 상황을 또 어떻게 해석해야 하는가? 꼭 그렇게 될 것만 같아서 고촌이 너무 들어오기 싫었고 하나님께 기도 응답을 받고도 세 번씩이나 기드온의 증거를 달라고 기도하고 그제서야 들어온 것인데… 그렇게 순종했으니 하나님께서 책임을 져 주셔야 될 것 같은데 내 불길한 예감은 어쩜 그리도 딱 맞아 떨어지는지~~ 어떻게 해석해야 되는가? 이런 상황에 하나님께 감사할 수 있어야 진짜 믿음인데… 난 정말 너무 힘들었다. 눈물이 줄줄 흐르기 시작한다.

목사님 보고 어떻게 할 것이냐? 여쭤봤더니 천만 원이 있으면 그동안의 이자를 갚고 경매에 안 넘어갈 수 있다는 것이다. 그래서 결국은 마이너스 통장에서 천만 원을 융자받아 이자를 갚았다. 경매는 더 이상 진행되지 않았다. 나는 남에게 피해도 주기 싫고 나도 남에게 피해 받기도 싫은 서울각쟁이인데 거듭되는 아픔들이 정말 너무 힘들었다.

과연 하나님의 뜻은 무엇일까?
상가주인인 성도님은 주일성수하며 신앙생활을 성실하게 했고 사업을 새롭게 시작하여 주일마다 목사님과 기도하며 재기를 꿈꿨다. 그렇게 1

년여가 지났다. 그런데 놀랍게도 다시 고촌성전은 경매에 넘어가게 되었다. 그 성도님은 매주 주일마다 얼굴보고 예배드리고 하는데 이자를 못 낸다는 이야기를 했어야 했고 경매 넘어갈 수도 있다고 귀뜀이라도 해 주었어야 되지 않는가? 말로 표현할 수 없는 상실감! 누구를 원망해야 하는가? 그 성도를 원망해야 하는가? 이런 상황을 허락하신 하나님을 원망해야 하는가? 아님 이유는 모르나 감사하다고 해야 하는가? 정답은 알고 있다. 그런데 그게 잘 안되는 것이다. 영적인 일보다도 이런 성도들로 인한 고통, 물질적인 고통, 부수적인 고통들이 나를 무척 괴롭혔다. 과연 개척교회에서 힘든 것을 한번 정리해서 나열해 볼까? 내가 예상했던 것과는 전혀 생각지도 않은 고통들이 줄줄이 사탕이었다.

목사님께 또 어떻게 할 것이냐고 했더니, 이번엔 한 푼도 못 건질 수 있으니 (신한은행이 1억 4천 1순위) 경매를 받아야 한다고 하신다. 그런데 어차피 우리가 넣은 전세금을 찾아야 하니 2억 4천에 경매를 받는다고 하신다. 경매는 원래 몇 번 유찰되고 해서 시세보다 저렴하게 받는 것이 통상적인 것인데 상가경매감정금액 보다도 높게 받아야 한다는 것이다.

"하나님! 왜 이러세요? 제가 개척교회 하라는 하나님 말씀에 순종해서 영혼구원에 헌신하겠다고 한 것이잖아요? 우리가 가지고 있는 그 많은 물질 모두 다 가져가셨잖아요? 그리고 주의 종으로 부르시고 개척교회를 하라고 하셔서 융자까지 받아서 그 길에 순종하고 있는데 왜 하나님! 도와주지는 못할망정 물질의 어려움을 주세요? 이제 더 이상 융자받을 때도 없어요. 재산은 목동빌라밖에 없고 자녀들 유학의 길로 인도하셔서

학자금 융자와 교회로 융자! 융자의 여왕 만들어 주셔서 감사해요! 제가 파산신청해야 할 것 같아요. 설명이라도 해 주세요!"

하나님은 아무 말씀도 없으시다. 2013년 9월 26일 경매 1차에서 유찰되었고, 10월 30일에 2차가 실시된다. 결국은 많은 금액을 융자받기 위해 경매를 2억 6천에 받았다. 그동안의 이자 등이 붙어서 그것이 최소한의 금액이란다. 난 모르겠다. 경매는 90%를 융자를 해 준단다. 이자만 갚으면 된단다. 그렇게 해서 일단락이 되었다.

사실은 우장산 성전에서 융자사건으로 나를 식겁하는 성도가 있었다. 고촌성전에서도 사업에 실패한 남자를 또 만나게 하셔서 이런 아픔을 주시는 것이 도대체 무슨 뜻일까? 나에게 돈이 우상이라서 돈보다 영혼을 사랑하라는 마음을 주시려고 이런 방법으로 훈련하시는 건가? 세상에서 실패한 교회 남자 성도들을 통해서 이게 무슨 일이란 말인가?

개척 교회 안에 세상에서도 겪지 않아야 되는 일들이 있었다.

친정아버지 사업이 잘되셔서 어려서 부유하게 살았지만 나중에 사업이 어려워지면서 내가 교대를 갔던 것이 평생의 상처였다. 교대 간 것이 잘했다 못했다는 것보다 내가 원하는 대학에 가지 못했다는 것에 대한 아픔이었던 것 같다. 그러더니 남편이 아버지가 준 상처처럼 물질로 나에게 상처를 준다. 교회를 개척했더니 남자 성도들이 물질로 인해 나의 상처를 후벼 파는 것 같다는 생각을 했다.

또 눈물이 난다. 친정 식구들도 남편이 목사가 된 후로 연락을 별로 하지 않는다. 시댁 식구들은 제사문제로 연락도 안 하고 산다. 이렇게 외롭게 오직 하나님 한 분 믿고 영적 전쟁의 최전방인 개척교회에 내 모든 것을 던지고 있는데~~. 목사님인 남편도 맘에 들지 않고 유일하게 내가 믿고 의지하는 하나님은 나를 뺑뺑이를 돌리시는 것 같다. 영적으로도 외로운 나는 하소연 할 사람도 없다. 하나님께 기도하기 싫을 때는 하소연할 영적 동지가 필요하다는 걸 느꼈다. 내 주변엔 온통 내가 무엇인가를 해 주어야 할 사람밖에 없는 것 같다. 지치고 힘들다. 하염없이 눈물이 흐른다.

고촌성전에서의 전도

맨 처음 한화아파트 상가 2층에 이전을 하려 하는데 아파트 주민들이 플래카드를 걸고 교회는 절대 단지 내 상가에 들어올 수 없다고 시위를 했다. 아니~ 시위를 넘어 변호사를 통해 내용증명을 보냈다. 전도대상인 APT 주민과 소송을 하여야 하다니 가슴이 답답하고 울화가 치밀었다. 기도밖에 답이 없었다. 동대표 회장을 만나고 이장도 만나고 설득하면서 하나님께서 그들의 마음도 점점 약하게 하셨다. 이 지역이 영적으로 센 곳이다. 아파트 주민 대표들과 만나고 소통도 해 보기도 했는데 결국 기도밖에 없다는 생각을 하면서 기도를 시작했다. 결국 사유재산이기도 하고 하나님께서 기도에 응답하셔서 잠잠해졌다.

고촌성전은 처음으로 교회가 들어선 곳이니 기도가 쌓였던 곳이 아니다. '장소에 임하는 악한 영'을 긁어내야 한다는 생각이 들었다. 3개월을 매일 저녁 마귀대적기도, 부르짖는 기도, 방언기도를 3시간씩 했다. 나 혼자 했다. 영적인 성향이 나와 목사님은 달랐다. 목사님은 기도보다는 말씀 보는 것을 좋아하셨고 사람 만나는 등 활동적인 것을 좋아하셨다. 3개월을 장소에 임하는 흑암의 세력을 대적하며 쫓는 기도를 드렸더니 그 다음부터 전도가 되는 것이다.

나는 김포시에 있는 J초등학교에 다니고 있었는데, 그곳에서 신우회를 조직하여 한 주도 빠짐없이 신우회 예배를 드리고 있었다. 그래서인지 그 예배를 받으시는 하나님께서 전도를 도와주셨다는 생각을 한다. 학교 신우회 예배로 심었더니 그 학교에서 전도가 되는 것이다.

"눈물을 흘리며 씨를 뿌리는 자는 기쁨으로 거두리로다 울며 씨를 뿌리러 나가 는 자는 반드시 기쁨으로 그 곡식단을 가지고 돌아오리로다" (시편 126편 5~6절)

나는 1학년 담임을 하고 있었는데 상담을 하던 중 딸 때문에 아픔이 있어 눈물을 흘리는 학부모가 있었다. 난 마음이 아팠고 도와주고 싶었다. 최고의 치유자 예수님을 소개하고 그 학부모의 마음을 위로하고 싶었다. 그 학부모에게 복음을 전하고 영접기도를 하고 교회로 초대를 했다. 목사님과 신앙생활입문부터 성경공부를 하도록 인도했다. 성경공부 할 때 딸이 함께 오니 나는 우리 반 아이와 놀아주기도 하고 받아쓰기도 봐 주기도 하며 믿음이 자라도록 뒷바라지를 했다. 그 학부모가 은혜를 받으면서 남편을 전도하고 여동생과 올케를 전도해서 나왔다. 주일에 밥 할 때 반찬도 2가지를 해 왔다. 나는 밥이랑 국과 김치를 준비하면 되니 훨씬 수월했다. 설거지도 돌아가면서 성도들이 하게 되었다. 그러다가 학부모 세 명을 또 전도해서 아이와 함께 교회에 출석하게 되었다. 그 기쁨은 말할 수 없었다.

목사님도 전도를 위해 도시농부학교에 입학하여 사람을 사귀어 전도를 하고 해서 6개월 만에 20명 정도의 성도들이 모여 예배드리게 되었다. 그때 딸 정아도 결혼해서 사위도 함께 신앙생활을 했다. 물론 아들도 함께였다.

학부모인 성도들은 목사님과 신앙생활입문과정을 마치고 성경공부는 그만하고 싶어 했다. 예배만으로는 안 된다는 생각에 나는 주중에 한번 저녁에 성도들 집에 가서 1:1 성경공부를 했다. 목사님이 남자라서 집에까지 갈 수는 없었다. 쉽지는 않았지만 끊임없이 지속적으로 해 나갔다.

고촌성전에서는 100% 새신자였다. 예전에 신앙생활을 하신 기신자들은 한 명도 없었다. 우장산성전에서는 기존 성도들이 대부분이었다. 하나님께서 기존 성도들과 새신자 모두를 경험하게 하신다는 생각이 들었다.

내게 찾아온 갑상선 암

우장산 성전에서는 감기에 감기를 달고 살다가 후각을 잃어버렸다. 고촌성전에서는 목소리가 쉰 소리가 나오면서 너무나도 피곤했다. 누우면 몸이 까부라져 바닥으로 들어가 버리는 것 같은 피곤함을 느꼈다. 언제나처럼 항상 피곤했다. 그런데 어느 날부터인지 농도(?)가 좀 다르다는 것을 느꼈다. 그래도 학교와 교회와 가정을 오가며 나의 일상은 계속되었다. 마치 기름이 떨어진 차가 계속 달리는 것처럼, 초가 다 탔는데 심지는 계속 불을 반짝이는 것처럼……

2013년 공무원 건강검진을 건강관리협회에서 했는데 재검이 나왔다. 재검을 했더니 갑상선암이라는 것이다. 어디에서 수술하면 좋겠냐고 했더니, 일삼국립암센타를 추천해 주었다. 어떤 사람들은 큰 병원 3~4군데를 다니며 비교 분석해 보고 수술을 결정한다고 하는데 그 과정도 힘들 것 같아 그냥 국립암센타에서 수술을 했다.

의사선생님이 내가 갑상선 반쪽에 암이 있으니 반쪽만 수술할지 아니면 모두 떼어낼지를 결정하라고 하셨다. 고민하다가 전이가 걱정되어 모두 수술하는 것으로 결정했다. 나중에 알고 보니 갑상선을 모두 제거한 사람은 갑상선이 체내에 칼슘을 만드는 역할을 하기 때문에 평생 신지로이드와 칼슘을 섭취해 주어야 한단다. 하나님께서 만든 인체 내에 어떤 것도 쓸모가 없는 것은 없다는 것을 깨달았다.

수술은 아침 9시에 시작했다. 마취하고 깊은 잠을 자고 일어나니 수술이 다 되었다고 한다. 그래도 암인데 생각보다 간단하다는 생각이 들었고 그렇게 하루를 금식하고 저녁엔 죽이 나왔다. 죽을 먹을 때였다. 목사님께 다른 환자의 보호자와 함께 저녁을 드시고 오시라고 하고 혼자서 죽을 먹기 시작했다. '꿀꺽' 하고 첫 술을 뜨는데 갑자기 뜨거운 알 수 없는 것이 목 안에 퍼지는 것이 느껴지면서 개구리 울음보처럼 급속도로 불어나는 것이다. 빠른 속도로 커져 기도를 누르는 것 같았다. 말도 못하고 그대로 간호사실로 가니, 벌써 간호사들은 딱 보고 어떤 증상인지 알고 바로 간호사실 간이침대에 눕힌다. 말도 할 수 없고 숨도 쉴 수가 없었다. 담당 의사는 퇴근하셨고 레지던트들이 몇 명인지 우르르 몰려와서 국소마취 후 목에 칼을 대니 뜨거운 액체가 주르르 쏟아진다. 국소마취이니 레지던트들이 하는 소리가 다 들린다.

'어디에서 터진 거야?' '여긴가?'

수술을 마무리할 때 수많은 핏줄들을 모두 레이저로 지져서 출혈이 안되도록 지혈을 시키는데 만 명 중 한 명은 봉합 후에 그중 한 핏줄이 터져 피가 빠른 속도로 쫙! 나오게 되면 기도를 누르게 된다는 것이다. 잠이 깊이 들었을 때 이런 현상이 일어나면 숨이 막혀 죽을 수도 있다는 것이다. 죽을 한 술 뜰 때 꿀꺽하면서 지혈된 핏줄이 터진 것이다.

결국 레지던트들이 갑자기 한 수술로 밤새 힘이 들었다. 아물었을 때 보니 토성이 둥그런 띠가 있는 것처럼 내 목에 반원 같은 띠가 툭 튀어나온 것이다.

'아니, 이 간단한 수술이! 이게 무슨 일입니까?'

퇴원하고 1년 동안 그런 상태로 지내다가 1년 후 툭 튀어나온 부분을 수술을 했다. 결국 3번 수술을 하게 된 것이다. 그리고도 흉터가 남아 있어 그 뒤로는 무슨 옷을 입어도 스카프로 목을 가리게 되었다. 그런데 밤에도 스카프를 하고 잔다. 왜? 두 번째 수술할 때 급하게 레지던트들이 한 수술로 인해서 기도가 좁아졌다. 물을 항상 마시지 않으면 갑자기 목이 말라 목소리가 안 나오고 숨을 못 쉬게 된다. 그리고 스카프를 안 하면 겨울이건 여름이건 목으로 감기가 온다. 스트레스를 많이 받았다.

하나님께 여쭤봤다.

"저에게 갑상선 암이 왜 오게 되었나요? 그리고 착한 암인 간단한 갑상선 암 수술로 이렇게 어려움을 당하고 스트레스를 받고 결국은 목에 이상도 오게 된 이유가 무엇입니까?"

"네 남편을 야단치는데 네 목을 사용하면 목이 아프게 될 거라고 하지 않았니?"

모세가 구스 여인과 결혼한 사실에 대해 이방 여인과 결혼했다고 동생 모세를 누나인 미리암이 비난했을 때 미리암에게 문둥병을 주어 징계했던 것이 기억난다. 하나님께서 세운 권위에 도전하는 것은 하나님께 도전하는 것과 똑같고 반드시 징벌을 받게 된다는 것을 다시 한번 마음에 새기게 되었다.

2009년 10월 1일 어떤 목사님께 이런 예언기도를 받은 적이 있다.

나는 교장! 나는 사모!

"사모님은 말씀의 깨달음은 큰데 은혜가 흐르지 않습니다. 질서의 하나님께서는 권위에 순종하기 원하십니다."

"남편을 꾸짖는데 목을 사용하면 목이 아플 것입니다."
라는 예언기도를 받은 적이 있다.

내가 남편에 대해 불평불만하며 기도할 때 물론 하나님께서는 나에게도 직접 말씀하시지 않았는가?

"너는 그 입을 다물어라! 네 남편은 심령이 깨끗해서 내가 택한 내 종이다. 능력은 나에게 있다. 때가 되매 내가 내 능력을 네 남편에게 부어주어 능력의 큰 종으로 사용할 것이다! 너는 그 입을 다물어라!"

하나님은 나의 의가 강한 내 성격을 꾸짖으셨다. 하나님께 순종하지 못하는 모습으로 주님의 마음을 답답하게 할 때가 여러 번 있었다. 그때마다 기다려 주시다가 결국엔 몸으로 나를 치시는 하나님을 여러 번 경험했다. 난 그제서야 깨닫고 회개하고 하나님이 지시하시는 길을 간다. 내가 생각해도 나는 참 미련하고 징하다. 이번에도 목사님께 순종하라고 그렇게나 말씀하시는 하나님의 음성을 무시하고 계속 목사님을 대적해서 야단치고 내 틀 속에 넣고서 하루 몇 시간씩 기도하고 말씀 보라고 명령을 하고 몰아쳤던 그 부끄러운 내 모습을 결국 암을 통해서 다시 한번 보게 하셨다. 목사님은 하나님이 알아서 하실 것인데 내가 기도 좀 했다고, 내가 하나님께 받은 은사가 좀 있다고 결국 자기 의를 드러내는 마귀 같은

행동을 한 것이다.

맞아야 깨닫는 나! 그런데도 기다려 주시고 때려 주시고 또 안아주시며 끝까지 나를 포기하지 않고 사용하시는 하나님! 그 하나님의 사랑에 또 눈물이 난다. 내가 하나님이라면 진즉 '나'같은 것은 포기했을 텐데~~ 버렸을 텐데~~ 그 사랑의 하나님을 그 좋으신 하나님을 사랑하지 않을 수가 없다.

찌든 때로 더럽고 이가 나간 그릇이 있는데 그것을 버리지 않는 사람이 있는가? 그런데 하나님은 미천한 나를 사랑하사 세제를 푼 따뜻한 물에 푹 담가 수세미로 박박 문질러 더러운 때를 벗기고 나간 이는 사포로 갈아서 티가 나지 않게 만들어 식탁에 다시 올려 사용하는 것이다. 얼마나 감사한가? 그런데 나는 수세미로 닦는 게 너무 아프다고 하나님께 울며 불며 불평불만하고 원망하지 않았는가? 무지렁이 같은 나를 어쩌면 좋단 말인가?

난 암을 통해 3개월의 휴식을 갖고 몸도 회복하고 영성도 회복하였다. 예전에 들었던 암보험으로 3500만 원을 주님이 주셨다. 빚도 일부 갚고 딸이랑 아들과도 쉼의 시간을 가졌다. 항상 엄마의 부재로 누리지 못했던 가족애도 느껴 보고, 아들이 강남으로 편입학원을 다녔는데 6시 새벽밥도 해 줄 수 있었다. 참 감사했다~

얼마나 많이 하나님을 경험하고 살았던가?

나는 교장! 나는 사모!

그런데도 또 새로운 하나님, 또 좋으신 하나님을 경험하게 되는 것이다. 할렐루야~

"하나님! 또 기대합니다. 앞으로 얼마나 크고 좋으신 하나님을 경험하게 될지 기대합니다~ 사랑합니다~ 감사합니다~~"

목사님의 영적 성장을 보여 주심

2010년 2월 19일 목회자 영성 세미나에 갔다가 이천수 목사님께 예언을 받게 된다. 우리 목사님 보고 가만히 보시더니 하시는 말씀이다.

'깃발이 크게 휘날리고 있어. 영적인 거장이 될 거야. 그런데 지금은 깃발이 말려 있어. 더 기도하고 준비해야 돼. 지금은 개척할 때가 아니야. 앞으로 능력의 종으로 크게 쓰임 받을 거야. 이미 입술에 말씀의 능력이가 있고 갑옷을 입었어. 이미 목사의 틀은 갖추고 있어. 열심히 기도하고 말씀 봐'

그때는 신학대학원을 다니며 전도사를 하고 있을 때였다. 말씀과 영성 훈련을 한참 하고 있을 때였다. 지금은 깃발이 말려 있다는 것이다. 아직 준비가 더 필요하다는 말씀이다. 그러나 앞으로 깃발이 크게 휘날리며 영적인 거장이 될 거라는 말씀이다. 감사했다.

2011년 11월 6일에 개척을 하고 4년이 채 안 되었을 때였다. 2015년 4

월 5일 주일이었다. 예배를 드리고 있을 때였다.

설교를 하고 계시는 목사님 등 뒤로 깃발이 길고 크게 휘날리고 있는 것이 아닌가? 그런데 가만히 보니 등 가운데에 아주 두껍고 큰 칼이 장착되어 있는 것이 보인다.

환상이다. 이천수 목사님께 예언받았던 것이 떠오르며 우장산과 고촌에서 목회를 하시면서 목사님의 영성이 크게 성장했다는 것을 알 수 있었다. 깃발은 성령의 능력을 의미한다. 칼은 말씀의 능력을 의미한다. 이제는 나보다 훨씬 영적으로 크게 성장한 남편의 모습을 보게 된다. 하나님의 기름 부으심은 이렇게 사람을 완전히 변화시키는 능력이 있는 것이구나! 그런데도 하나님의 기름 부으신 주의 종인 남편을 예전처럼 홀대하였으니 하나님의 벌이 내게 떨어지지 않을 수가 있는가? 그래서 내 몸을 치신 것이고 그 값을 갑상선암으로 치르게 된 것이었다.

교감 발령과 함께 더욱 버거워진 사모의 역할

2015년 교감 발령이 군포로 나면서 출퇴근 시간 때문에 몸이 너무 힘들었다. 교감의 역할은 교무실에서 여러 선생님들의 인사와 학교 전반적인 일들을 챙기는 것이었다. 교감 고유의 업무 또한 만만치 않아 출근할 때부터 퇴근까지 쉴 틈이 없었다. 그렇게 2개월을 다니다가 지인으로부터 김포에서 산본으로 한 번에 오는 광역버스가 있다는 이야기를 듣고 그 버스를 이용하기로 했다. 시간은 더 걸렸다. 버스를 기다리고 내려서 걷고 하는 시간 때문이다. 하지만 버스에서는 푹 자고 올 수 있어서 그나마 덜 피곤했다.

금요일 퇴근시간이 되면 목과 어깨가 살짝 건드리기만 해도 만질 수도 없이 아팠다. 그 지친 몸을 이끌고 김포 집에 오면 결혼한 딸이 손자와 함께 와 있다. 결혼해서 애기를 낳아 혼자 키우려니 힘이 들고 친정엄마의 손길이 필요하겠다는 생각은 너무도 당연하다. 그러나 이 친정엄마는 너무 힘이 들어 집에 오면 지쳐 떨어지는데 어쩌면 좋을까? 체력만 좋으면 뭐는 못 하겠나? 어차피 교회도 와야 하니 금요일 저녁부터 와서 주일 점심 먹고 가든지, 아님 주일 저녁까지 먹고 간다. 그럼, 다시 월요일이다. 토요일엔 교회 청소도 해야 하고 주일엔 밥도 해야 하는데, 일도 잘 못하는 데다 몸은 힘들고~~ 육체적으로 정신적으로 경제적으로 사방팔방 아무리 둘러봐도 나의 쉴 곳은 없다. 이곳에도 내가 해야 할 일! 저 곳에도 나의 책임만 있다는 생각이 든다.

자라지 않는 성도들에 대한 버거움

전도를 해서 함께 교회 생활을 하면 얼마나 복된 일인가? 불신자에게 복음을 전하고 영접기도를 하고 교회로 초대해서 성경공부를 하고 주일 예배를 드리며 믿음생활을 했다. 그런데 그들의 자라지 않는 믿음을 보고 해가 갈수록 너무 힘이 들었다.

예를 들어 갓난아기가 태어났다. 얼마나 예쁜가? 젖을 먹고 무럭무럭

자라서 이유식을 먹고 밥도 먹고 걷기도 하고 자기 할 일을 스스로 할 줄도 알게 되고 이렇게 성장해 나가는 모습을 보면 얼마나 기쁘고 보람이 있는가? 그런데 1년이 가도 갓난아기 2년, 3년이 가도 그대로 갓난아기 같다면 얼마나 힘들겠는가?

그것처럼 우리 성도들이 4년, 5년째가 되어도 처음 전도했을 때의 새신자의 모습과 별반 다르지 않다는 생각이 들었다. 어떨 때는 '여기 모인 사람들이 친목회 회원인가?'라는 생각도 들고. 주일예배 드리고 점심 먹으며 룰루랄라~ 재미나게 이야기하고 웃고 떠들고 하다가 사라지는 것을 매주 반복하는 것이다. 성경공부도 안 하고 QT도 안 하고 수요예배도 안 나오고 당연히 십일조도 안 하고~~. 주일에 예배드리러 나오는 게 신기할 정도였다.

난 그것 또한 목사님 책임이라는 생각을 했다. 열심히 어떻게 해서든지 성경공부를 단계별로 하고 QT도 할 수 있도록 이끌고 기도훈련도 시키고 말씀에 순종할 수 있도록 이끌어야 하는데, 이래도 흥! 저래도 흥! 성경공부 그만하겠다고 하면 그러라고 하고, 그런 식으로 하니까 제대로 영적 훈련이 안 되는 것이라 생각해서 목사님을 엄청 원망하고 또 혼도 냈다. 갑상선 암 으로 하나님께 징계를 받아도 또 잊어버리고 또 미련을 반복하는 것이 바로 나의 모습이다.

'주여! 나의 죄를 어찌하면 좋습니까?'

"미련한 자를 곡물과 함께 절구에 넣고 공이로 찧을지라도 그의 미련은 벗겨지지 아니하느니라" (잠언 27장 22절)

성도들을 보면서 힘들고 목사님께 뭐라 했다가 나의 믿음 없음, 불순종을 보며 좌절하며 나 자신을 정죄하다가 회개하며 기도하는 것을 반복하며 나는 마음이 너무 힘들었다.

인간적인 논리로 보면 내 말이 틀린 것은 아니다. 그러나, 내가 생각하는 그 이상의 뜻이 하나님께 있다는 생각을 하며 견뎌야 했다. 마음과 입술에 할례를 하고!

예배가 끝나면 오후에 홀로 교회에 남아 흡사 부르짖는 기도처럼, 이게 뭐냐고? 엉엉 울어대기를 몇 시간을 했다. 나의 이 정확한 성격은 개척교회를 하기가 너무 힘이 들었다. '밑 빠진 독에 물 붓기'란 생각만 들었다. 이것이 무슨 의미가 있는지를 알 수가 없었다. 내 몸과 마음도 병들어 가는데~~

언제나처럼 나는 내 체력에 버거울 정도로 바빴고 학교와 집과 교회! 학교와 집과 교회! 난 그곳에서 일만 했다. 목사님은 한가해 보였다. 사람을 좋아하고 부드러운 인품을 가진 목사님은 주변에 있는 목사님들과 가끔씩 강화도에 가서 바다도 보고 회도 먹고~ 지방회로 모이고 여행도 가고~~

난 교회청소도 목사님을 시키지 않았다. 왜? 말씀과 기도로 목회에 전념하시라고! 그런데 우리 철부지 목사님은 내가 보기엔 그리 열심을 내

시지 않는 것 같아 보였다. 모든 것이 참 힘들었다. 보람이 없다는 생각이
들었다.

상급으로 주신 아파트

2016년 1월이었다. 목사님이 김포 풍무동에 있는 미분양된 어떤 아파
트를 사야 된다는 것이다. 사실은 1년여를 돌아다녔다. 고촌성전에서 목
회를 하려면 단지 내 아파트를 어떻게든 사야 2년마다 이사 안 다니고 안
정되겠다는 생각을 해서였다. 그런데 이렇게 저렇게 막히고 안 되는 것
이다. 그래서 하나님의 뜻이 아닌가 보다 하고 포기하고 있는데 목사님
이 풍무동 P 아파트를 사야 한다는 것이다. 결국 돈도 없이 사려면 또 융
자를 많이 받아야 하는데 그 융자받을 생각을 하니 너무 징글징글해서(?)
난 반대를 했다. 그런데 목사님이 포기하지 않았고 어느 날 끌려(?) 나갔
는데 계약을 하게 된 것이다. 그때 내 마음은 두 가지였다. 하나는 몇 년
만에 아파트가 생기는 거야? 서울은 아니지만. 또 하나의 마음은 또 얹혀
진 이 융자를 언제 갚지? 이런저런 마음 때문에 마음이 편치 않았다.

2016년 8월 1일 기도 중에 환상을 보여 주신다. 아파트를 하나님께서
허락해 주신 은혜에 감사해서 기도를 하는데

입주할 풍무푸르지오 아파트 거실에 커다란 멋진 우승컵이 있는 모습
을 보여 주셨다. 골프 선수들이 우승하면 받는 둥그런 커다란 우승컵이
었다.

나는 교장! 나는 사모!

그동안 개척교회에서의 경매 등 훈련받고 수고하고 애쓴 것을 하나님께서 이제 상으로 갚아 주시는 것인가? 그것이 새로운 장막이고 그 장막에서부터 하나님께서 주시는 이 땅에서의 기름진 복이 펼쳐질 것을 보여 주셨다는 생각이 들었다. 난 참 감사했다. 그동안 울고불고 하나님을 원망하고 불평했던 나 자신이 또 부끄러웠다. 할렐루야~ 신실하신 하나님!!

주님께서 2010년에 들려주신 음성이 생각난다. 7월 23일 교실에서 저녁 7시 수업실기보고서를 쓰다가 잠깐 기도해야겠다는 마음이 들어 교실 바닥에 요가매트를 깔고 무릎 꿇고 기도를 시작했다.

'어디에 교회를 개척해야 할까요? 물속이라도 뛰어들고 불 속이라도 뛰어들겠습니다~'

이런 고백을 드리며 기도를 시작했는데 바로 하나님의 음성이 들렸다.

'이제 고생 다 끝났다! 이제 너를 높일 것이고, 개척교회 사모가 되어도 난 너가 사모로서 어려움을 겪는 것이 아니라, 내가 너에게 준 것으로 편안하고 자유롭게 누리기만 하면 된다! 너를 고귀하게 만들어 줄 거야!
난 너가 기도하고 나를 위해 무엇인가를 해서 널 사랑하는 것이 아니고, 너 자체를 너무 너무 사랑한다. 담대하게 너가 하고 싶은 대로 나아가라!'

난 너무 감사해서 엉엉 울었다. 꺼억꺼억 울었다.
그리고 두 팔을 들어 이런 고백을 드렸다.

"하나님 사랑합니다. 예수님 너무너무 사랑합니다. 성령님 사랑합니다."

하나님은 나와의 약속을 누가 뭐라 해도 지키고 계시는 것이다. 신실하신 하나님!

1년여를 집을 사려고 부동산을 전전했어도 안 되었던 것이 이렇게 하루 만에 계약이 된 것이다.

하나님이 허락하시는 곳이나 일은 이렇게 순조롭게 되어 간다는 것을 다시 한번 경험하였다.

집이 생겼다는 것보다 더 좋은 것은 집을 잃은 지 15년 만에 이 집을 하나님께서 상으로 주셨다는 것이 너무 감사했다. 나의 욕심과 노력이 아닌 하나님께서 허락하신 좋은 집!!!

이것은 그냥 장막이라는 의미보다 영적으로 엄청난 의미가 있다. 축복의 시작!! 축복의 통로!!! 할렐루야!!!

목사님을 향한 하나님의 뜻

목사님 또한 기도하시는 분이시다. 나처럼 티 내지 않고 말하거나 표현하지 않을 뿐이다.

어느 날 목사님께서 말씀하신다.

"시골 교회로 가고 싶은 마음이 들어."

사실은 개척교회 시작할 때부터 시골 교회로 가서 어르신들 섬기면서

촌에 살고 싶다는 말씀을 하셨다. 충청도, 경상도, 전라도, 강원도에는 갈 수 있는 곳이 있었다. 그런데 내가 경기도 교사이니 경기도를 떠날 수가 없어서 못 간 것인데, 다시 그런 생각을 하시는 것 같다. 그리고 예사롭지 않게 들린 것은 그것이 목사님한테 주신 하나님의 뜻 같다는 생각을 했기 때문이다.

나도 군포에서 2년 후엔 김포로 들어갈 수가 있었는데, 그 말씀을 염두에 두고 혹시 하나님께서 다른 곳으로 부르시면 그 곳으로 옮겨야 되겠다는 생각에 전근 갈 생각을 접어두고 있었다.

어느 날, 목사님이 경기도에 있는 교회를 한번 알아보겠다고 하신다. 목사님이 퇴임을 하시는 교회도 있을 수 있고 여러 가지 상황으로 후임 목사님을 청빙할 수도 있다. 그래서 나 또한 하나님의 뜻으로 알고 동의를 하고 하나님의 뜻이 있는 교회를 찾아다니게 되었다.

여러 교회를 다녔다. 어느 날 용인에 있는 한 교회를 가 보자고 하신다. 그 교회는 목사님께서 개척하셔서 장로님과 권사님이 20여 분 계시고 성도님들도 60여 분 계셔서 구역이 잘 형성되어 있고 체계적으로 잘 운영되는 교회였다. 담임목사님은 이스라엘 선교사로 가라는 하나님의 부르심에 순종하기 위해 얼마 전 이 교회를 놓고 후임 목사님을 구하고 있다고 하셨다.

목사님은 그곳에 가고 싶다고 하셨다. 어느 금요일에 용인에 있는 교회 담임 목사님과 말씀을 나눈 후 결정을 하셨다. 주일에 담임목사님께서 장로님과 권사님들께 동의를 구하고 마지막 결정을 하기로 하였다. 토요일 아침이다. 목사님이 기분이 굉장히 다운되어서 거실에 앉아 계셨다.

"목사님! 왜 그래요?"
"갑자기 눈이 이상해!"
"왜요? 어떻게요?"
"선이 몇 개로 겹쳐 보이고 흐릿하고 이상하게 보여!"
"갑자기요? 지금? 오늘부터?"

나도 그 이야기를 들으니 기가 막히고 너무 겁이 나서 풀썩 주저앉았다. 목사님이 동네 병원에 가보자고 하셨다. 그런데 나는 토요일밖에 시간이 없고 대학병원을 가면 검사받고 진료받고 몇 번을 가야 하니 걱정이었다. 영등포에 김안과가 생각이 나서 서둘러서 내가 운전해서 갔다. 김안과에서 바로 진찰보고 검사하고 하더니 정오 전에 진단이 나왔다.

"급성 황반변성이에요."

"이미 진행된 건 치료가 안 되고요, 더 이상 진행이 안 되도록 항체주사를 놓으면서 치료할 거예요. 그냥 놔두면 실명합니다. 항체주사는 1회에 100만 원 합니다. 몇 회를 맞으면서 상황을 지켜볼 거예요."

청천벽력 같은 진단이다.

나는 교장! 나는 사모!

'아니 오늘 갑자기? 왜?'

또 이해할 수 없는 사건이 발생했다.

밤새 잠을 자지 못했다. 다음 날은 주일인데, 용인에 있는 교회에서 연락이 오면 최종적으로 답을 해야 할텐데….

목사님이 고민 끝에 말씀하신다.

"아무래도 안 되겠어. 운전도 당장 할 수가 없고 성경 말씀이 두 겹 세겹으로 보이고 용인교회에 가면 여러 가지 신경을 써야 할 텐데, 도저히 안 되겠어!"

그래서 용인에 있는 너무 가고 싶어 했던 교회를 가지 못하셨다. 그리고는 모든 것 내려놓고 황반변성 치료와 기도에 전념하기로 했다. 본교회인 광명에 있는 교회에도 기도 부탁도 하고 아는 믿음의 사람들께 중보기도 부탁을 했다. 그리고는 하나님의 뜻을 구했다.

눈에 맞는 항체주사를 맞고 한두 달 지났을 때였다. 목사님이 눈이 좋아진다는 것이다. 어떻게 좋아지냐고 하니, 점점 예전처럼 정상이 되어가는 것 같다는 것이다.

'분명히 의사선생님은 이미 병이 진행된 것은 치료는 안 되고 실명을

막는 예방치료만 된다고 했는데, 이상하네?'

　그렇게 1주일이 지나고 또 한 달이 지나고 하면서 목사님의 눈은 완전히 정상으로 돌아오게 되었다.

　그때서야 깨달았다.

'그 용인교회로 가는 것이 하나님의 뜻이 아니었구나! 그래서 황반변성으로 막으셨구나! 이제 포기했더니 정상으로 회복시켜 주셨구나!'

　'나에게 좋은 직장을 주셨으니 빚 없이 넉넉한 교회에 가기를 원치 않으시는 건가?' 이런 생각을 해 보기도 했다.

　완치가 되고 나서 목사님은 다시 경기도에 있는 시골교회를 찾기 시작했다. 어느 날 아는 목사님께 연락이 왔다. 화성에 아주 어려운 교회가 있는데 가 보기나 할 거냐고? 어느 누가 어려운 교회를 가고 싶겠는가? 정말 하나님의 뜻이면 어쩔 수 없지만! 목사님이 나에게 가 볼 거냐고 물어보시길래 그래도 가 보기라도 하자고 말씀드렸다.

　교회는 화성시 읍소재지에 2층으로 지어졌는데 20년 전에 개척을 한 목사님이 교회를 지었고 5년 후 은퇴하셨다고 한다. 후임으로 30대 목사님이 오셨는데 성도들이 뿔뿔이 흩어지기 시작하더니 이제 6분이 남아 계시는데 사례비도 못 받으실 뿐더러 융자 이자도 못 낼 정도로 어려워서 경매로 넘어갈지 공장으로 매매가 될지 모르는 상황이라는 것이다.

나는 고촌성전에서 너무 힘든 경매사건을 겪었고 그 이야기를 듣는 순간 본능적으로 도망치고 싶었다. 이왕 여기까지 왔으니 목사님은 2층 본당에는 한번 가 보자고 하셔서 본당에만 갔다가 바로 가려고 했다. 본당에 들어가서 강대상을 보는데 어디서 많이 본 것 같은 모습이다.

'어디서 봤지?'

2011년 3월 목사안수를 받고 개척교회를 알아보고 다니다가 잠시 멈추고 기도에 전념했을 때 6월에 하나님께서 보여 주신 환상! 지금은 2018년 4월의 일이니 7년 전 보았던 환상이었다.

나무로 된 교회 강대상에 키가 작은 남자가 양복을 입고 마이크를 들고 누군가를 소개하고 있고 옆에 남편과 내가 한복은 아니지만 꽤 차려입은 모습으로 소개받는 것처럼 서 있는 모습이었다. 개척교회가 아니라 부임하는 모습이었다. 그 강대상이 바닥이 빨간 융이 깔려 있었다.

그래서 바로 부임하는 줄 알았는데 개척을 하지 않았나? 가끔 생각나면 그게 무슨 환상이었을까? 분명히 하나님께서 보여 주신 환상은 맞는데 현실에는 아무 상관없는 것이었기에 7년 세월동안 잊고 있었다. 그런데 그 환상 속에서 보았던 모습이 내 눈앞에 펼쳐져 있지 않은가?

현실은 부정하고 싶지만, 그럴 수는 없지 않은가? 하나님은 내게 어떤 분인가? 물속이라도 불 속이라도 뛰어들라 해도 뛰어들어야 하는데 물불을 따질 수가 없었다.

묻지도 따지지도 않고 화성시에 있는 농어촌미자립 교회로 가게 되었다.

3.

농어촌 미자립교회 부임

끝도 없는 성전 리모델링

처음 교회를 왔는데 돌로 된 교회 간판이 깨져 있었다. 알지 못하는 덤프트럭이 깨뜨리고 갔다고 한다. 교회에 재정이 없어서 교회 간판도 손도 못 대고 있는 상태였다. 벽이 갈라져 있었는데 그것은 습기가 차서 그렇다고 한다. 그런데 지붕이 없어서 빗물이 벽을 타고 내려와서 물을 먹어서 그런 것인데 그대로 놔두면 건물이 오래 못 간다고 한다. 본당 바닥도 초록색 페인트를 칠해놓은 상태이고 강대상 바닥에 깔려있는 빨강색 융은 먼지들이 일어나 건강에 좋지 않은 영향이 있을 것 같고 성한 곳이 한 군데도 없었다. 20년 동안 아무도 이 성전을 돌보지 않았던 것 같았다.

지붕에 올라가서 보니 배수로를 낙엽 등 여러 가지 쓰레기가 막고 있었다. 그러니 물이 내려갈 곳이 없었다. 배수로를 막고 있는 쓰레기를 20포대를 담아 내려왔다. 그리고 지붕공사를 해야 한다고 한다. 천오백만원의 견적이 나왔다. 목양실도 모두 리모델링이 필요했고 본당 바닥과 강대상, 내부 페인트 등 전반적인 리모델링이 필요했다. 비용은 얼마가 들지도 모른다.

사택은 물이 새서 곰팡이가 있었는데 그곳에서 2대 목사님은 30대에 들어와 14년을 사셨다고 한다. 사택도 물이 새는 곳을 잡고 저렴하게 리모델링을 하였다. 고촌성전을 리모델링해 주신 폐암 걸렸다가 기적적으로 새 생명을 찾으신 그 집사님이 해 주셨다. 고촌성전 리모델링과는 비교도 안 되는 작업이다. 2018년 여름은 유난히 더웠다. 역시나 비용을 아껴야 하는 상황이라 목사님이 리모델링 보조를 하셨다. 한두 달 정도 지났을 때 목사님의 몸무게는 6kg이 빠졌고 햇볕에 그을려 피부가 새까맣게 타서 볼 수가 없었다. 하나님께서 목사님의 성전수축을 위한 몸으로 드리는 헌신을 받기 원하신다는 생각을 했다. 부임한 지 5년째 되는 지금까지도 리모델링을 하고 있다.

떠남과 새로운 만남

2018년 7월 1일 화성시 우정읍에 있는 우정교회 3대 목사님으로 부임을 하게 되었다. 말이 부임이지 개척이나 별반 다를 것이 없었다. 교회 부채의 일부를 융자를 내서 갚고 급한 불을 끄고 들어왔다.

교회 주변이 주택 밀집지역은 아니었지만 옆의 어린이집을 포함하여 몇 가구가 교회 주변에 있었다. 몇 가구를 제외하고는 교회 주변으로는 모두 공장이었다. 맨 처음 교회가 들어오고 주변은 야산이었는데 그 다음에 하나씩 하나씩 공장만 들어오게 된 것이란다. 건너편에 전원주택도

나는 교장! 나는 사모!

있었고 멀리 아파트도 있었다. 기아자동차가 있어서 협력업체인 공장들도 많이 있었다. 서해안 바닷가가 멀지 않았다. 궁평항, 전곡항 등. 온천도 멀지 않는 곳에 있었다.

새롭게 열심히 전도하면 조금씩 부흥하게 되겠지! 하는 기대를 가지고 매일 여리고성을 돌듯이 마을을 돌며 인사하며 보냈다. 큰 교회 전도팀의 후원으로 마을 경로잔치도 하고 의료봉사와 전도잔치도 열었다. 유명한 목사님을 모시고 부흥회도 했다.

그런데 시골마을에는 생각하지 못했던 텃세의 강한 진이 있었다. 누군가의 조언처럼 온전한 마을구성원이 되려면 5년은 넘겨야 한다고.

목사님은 다섯 마을의 마을회관을 주기적으로 돌고 마을 어르신을 정성껏 섬겼다. 코로나로 말미암아 회관이 문을 닫혀 버릴 때까지~

몇 분의 어르신이 교회를 방문하고 신앙생활을 하려고 마음의 문을 열기도 했다. 그런데 기존 성도들의 텃세가 장난이 아니다. 누군가 교회를 방문하면 상냥하게 맞이해도 잘 정착하기가 어려운데 상냥하게 맞이해주는, 전도에 진심인 성도가 없으니 교회로 초대된 분들이 정착이 되지 않는다. 참 안타까웠다.

어느 주일에 목사님이 전도한 어떤 분이 교회를 오셨다. 나는 아침 일찍 예배 준비를 하고 사택에 들어가 있는 상태이고 목사님은 차량봉사를 하고 계셨다. 그분이 주방에 들어가니 집사님 두 분이 계셨는데 자기를 보고 아는 체도 안 하는 것이다. 교회라면 당연히 새로운 사람이 오면 어떻게 오셨냐고? 하고 인사도 하고 해야 하는 것이 당연한데, 아니 교회가 아니라 집이라도 그렇지 않은가? 아는 체도 안하니 서운해서 **"사모님은 어디 계셔요?"** 하고 물어보니, 집사님이 퉁명스럽게 **"아직 안 나오셨는데요."** 하더란다. 목사님이 전도한 분이 미역과 반찬거리를 사 가지고 주방에 드리고 싶어서 가지고 들어간 것인데~~

그날 예배를 드린 후, 그분은 속이 상하셔서 나에게도 목사님께도 어떻게 교회에서 그럴 수가 있냐고? 몇 번이나 이야기를 하셨다. 누군가 전도를 하면 교회 기존 성도들이 한마음이 되어 잘 정착할 수 있도록 돕고 해야 하는 것인데~~

그일 이후 얼마 지나지 않아 기존에 터줏대감 노릇하던 권사님과 집사님이 교회를 떠났다. 또 한 성도님은 몸이 아프셔서 서울의 딸 집으로 이사 가셨다.

몇 명 되지도 않은데 그렇게 텅 빈 교회를 아픈 가슴으로 바라보게 되었다.

그러나 하나님은 떠난 분들의 빈자리를 새롭게 채워 주셨다. 건축업을 하시는 분을 만나게 하시고 마음의 문을 열고 신앙생활을 함께할 수 있도록 인도하셨다. 또 예전에 신앙을 가지셨는데 그동안 가나안 성도로 계시다가 우연히 길에서 전도당하신(?) 마음씨 착한 집사님! 하나님께서 그렇게 빈자리를 채워 주시며 위로해 주신 것 같았다.

시골학교 교감으로 부임한 곳에서 교회가 가까워 전도를 해야겠다고 생각하고 열심히 했는데 전도가 한명도 되지 않았다. 그런데 그 학교를 떠날 즈음의 일이다. 교직원 한분이 냉이 캐러 갔다가 우연히 만난 한 여성이 그분한테 묻더란다.

"예전에 교회 다니다가 요즘 안 다니는데 갑자기 교회 다니고 싶은데 어디로 가면 좋을까요?"

그때 우리 교회가 떠올랐고 권유를 했다고 한다.

"작은 교회인데 목사님과 사모님이 진실하고 좋으신데 한번 가 보실래요?"

그래서 그 여성분 전화번호를 나에게 보내왔고 나는 즉시 전화해서 집으로 심방하여 영접기도하고 교회로 초대하였다. 교회에 등록하여 성실하게 주일성수, 십일조, 기도생활, 성경공부 등을 하며 1년 만에 집사 직분을 받았고 교회청소 등 봉사도 하며 신앙생활을 아름답게 하신다.

신실하게 신앙생활을 하는 모습을 하나님께서 기뻐하셨는지 '잃어버린 영혼'인 딸이 서울에서 교회를 다니게 되었고 목사님께서 심방하셔서 남편과 아들도 영접기도를 하였다. 참 감사하다.

우리는 늘 커다란 부흥을 기대하지만 하나님은 그분의 방법, 그분의 시간표대로 모든 것을 허락하신다. 이웃지역에서 공장을 하시는 사장부부, 서울에서 신앙생활하시다 이곳으로 이사 오신 권사님 부부, 멀지 않은 곳에 살고 있는 남편의 사촌동생부부, 몇십 년 만에 만난 남편의 고교동창부부 등 많은 인연들을 만나게 하시고 교제하게 하신다.

때가 차면 그들도 함께 한 울타리 안에서 신앙생활하며 기쁨을 나눌 수 있지 않을까? 하지만 그리 아니하실지라도 괜찮다. 이미 이런 훈련을 수없이 많이 경험해 왔기 때문에 목사님과 나는 주어진 환경에서 최선을 다하며 인내해 나갈 것이다.

앞으로도 허락하신 환경에 만족하며 머무는 곳에서 최선을 다할 것을 다짐해 본다.

그리곤 말씀을 암송해 본다. 말씀 붙들고 기도도 해 본다. 수많은 성도들이 하나님을 찬양하는 모습도 마음에 그려 본다. 할렐루야!

"그 작은 자가 천명을 이루겠고 그 약한 자가 강국을 이룰 것이라 때가 되면 나 여호와가 속히 이루리라" (이사야 60장 22절)

나는 교장! 나는 사모!

4.

광야길에서 만난 도움의 손길

시댁이나 친정에 형제자매 중 어느 누구도 지지하거나 응원해 주지 않는 개척교회의 길 가운데 '목사님과 나'밖에 없었던 광야길에서 하나님께서 보내 주신 도움의 손길이 있었기에 위로받고 버틸 수 있었다고 고백한다.

맨 처음 남편과 나에게 복음을 전해 주시고 기도해 주신 교감선생님이셨던 이○○ 장로님! 갑자기 집에 찾아오셔서 기도를 지루하게 길~~게 하셨던 그분! 주일 아침 8시에 전화하셔서 교회 가라고 권면하셨던 귀찮았던 그분! 25년이 지난 지금까지도 매일같이 우리 가정과 교회를 위해 기도해 주시고 카톡으로 말씀과 찬양을 하루도 빠짐없이 보내 주시며 섬겨주신다. 힘들고 지칠 때마다 전화해서 기도를 부탁할 수 있는 분! 성실하게 진심 어린 기도로 섬겨 주시고 권면해 주시는 기도의 동역자! 정년퇴직하시고 네팔에 선교사로 10년을 섬기셨다. 80을 훌쩍 넘기신 연세에도 얼마나 건강하신지! 지금도 이마에 빤짝빤짝 빛이 나신다. 은혜가 넘치는 모습이시다.

장로님과 함께 우리 가정에 복음을 전해 준 친구 나○○! 강하게 복음을 권면하진 않았지만 항상 내 곁에 있는 고마운 친구다. 우리 남편이 목사안수를 받는 날! 목사님께 축하드린다고 하면서 선물을 드린다. 예쁘게 포장한 네모난 상자인데 백화점에서 특별히 포장을 했다고 한다. 나중에 보니 신권 현금을 넣어 포장을 해서 편지와 함께 목사님께 드리는 것이다. 큰 액수라서 놀랐고 신권과 포장을 한 모습에 주의 종에 대한 최선의 예를 표했다는 생각에 큰 울림이 있었다. 하나님께서 주의 종으로 기름 부어 세우신 목사님께 임하는 하나님의 권위를 보고 한 경이로운 선물이었다. 그 이후 개척교회 창립예배를 비롯해 ○○이는 항상 함께였다. 우리가 교회를 개척한 이후로 지금까지 줄곧 매달 일정 액수를 헌금을 한다. 명예퇴직을 한 후 플룻을 배워 각처에 세워진 미자립교회들을 방문하며 특주를 해 준다. 헌금하면서~~ 우리 교회에도 여러 번 와서 함께 예배드리면서 특주를 해 줄 때마다 큰 힘이 된다. 한 번도 나에게 사모는 이래야 한다고 말한 적이 없다. 힘든 이야기 들어주고 위로해 주고 그게 전부다. 또한 기도의 동역자인 것은 말할 것도 없다.

김○○ 교장선생님은 승진의 길 가운데 개척교회를 준비하는 나를 안쓰러워하시면서 항상 기도와 응원을 아끼지 않으시는 선배님이시다. 개척한 후 지금까지 매년마다 교회의 필요를 채워주시는 분이시다. 그러시면서 "애쓰는데 조금이라도 도움이 되었으면 좋컸어." 하신다. 정말 그때그때 필요한 부분을 채워주신다. 예를 들어 리모델링할 때 모자란 필요한 비용, 교회 융자금 이자가 밀려 있을 때 등등~~ 항상 선배님께 내가 사랑받고 있다는 생각이 들게 하신다. 변함없이!

참 고마운 분들! 그분들은 하나님께 받은 은혜를 기꺼이 나누는 것을 감사하게 생각하는 것 같다. 아마도 내 교회 네 교회의 개념보다는 하나님의 교회를 지키려고 애쓰는 일에 동참하고 싶은 마음일까? 목사님과 나도 잊지 못하지만 하나님의 일에 마음을 쓰며 동역한 부분을 하나님께 기억된 바 되지 않을까? 일일이 고마운 분들을 다 이야기할 수 있을까?

난 혼자가 아니었다. 이곳저곳에서 우리 교회를 위해 기도하고 섬기고 있었다. 내가 힘들다고 울부짖으며 기도하고 있을 때 그분들도 계신 자리에서 목사님과 나와 교회를 위해 기도하고 계셨던 것이다. 외로운 길 가운데 하나님의 은혜로 위로받고 감사한 시간들이었다. 서로에게 평생의 기도의 동역자가 될 것이다. 보이는 수보다 보이지 않는 기도의 동역자! 불말과 불병거가 많아 영적 전쟁의 최전방 개척교회에서 승리할 수 있었음에 감사하다.

"하나님의 사람의 사환이 일찍이 일어나서 나가보니 군사와 말과 병거가 성읍을 에워쌌는지라 그의 사환이 엘리사에게 말하되 아아, 내 주여 우리가 어찌하리이까 하니 대답하되 두려워하지 말라 우리와 함께한 자가 그들과 함께 한 자보다 많으니라 하고 기도하여 이르되 여호와여 원하건대 그의 눈을 열어서 보게 하옵소서 하니 여호와께서 그 청년의 눈을 여시매 그가 보니 불말과 불병거가 산에 가득하여 엘리사를 둘렀더라" (열왕기하 6장 15절~17절)

V

내게 역사하신 하나님!

하나님을 원망도 많이 했었다. 하나님이 무서워서 회개도 했다. 다시 하나님께 소리도 쳐 보았다.

그리고는 정신 차려 가만히 나를 들여다보고 하나님께서 내게 행하신 일을 찬찬히 더듬어 보았다.

하나님께서 나를 사랑하셔서 구원하시고 귀한 그릇으로 쓰시려고 하니 더러워서 쓰시질 못하셨던 것이다. 세상적으로 부족함이 없던 나는 교만했고 욕심 많고 이기적이고 오만방자한 죄인이었다.

버리면 그만인데 버리지 아니하시고 써 보시려고 쇠 수세미로 세제를 묻혀 닦아주시고 물로 깨끗이 헹궈 주신 것이다. 한 번에 안 되니까 여러 차례 나를 닦아 주신 것이다.

그런데 그게 쓰라리고 아프다고 숨도 못 쉬겠다고 고함을 치며 원망을 쏟아 내었던 것이다.

그래도
하나님은 나를 포기하지 않으셨다.

하나님은 나를 사랑하셨다.

죽을 수밖에 없는 마귀의 자녀에서 성령의 은혜로 예수를 주라 시인하

나는 교장! 나는 사모!

게 하시고 천국에서 영생을 누릴 수 있는 특권을 주셨다. 구원의 은혜이다. 값없이 받은.

그 구원의 은혜와 바꿀 수 있는 것이 이 세상에 있을까?

거기까지도 크신 하나님의 은혜인데 사명의 길로 인도하셨다. 기도의 사명을 감당하게 하셔서 조상 대대로 불신 가문에서 믿음의 가문으로 거듭나게 하셨고 남편을 종의 반열로 세우시고 후손만대까지 믿음의 가문을 열어 가게 하신 그 크신 은혜를 무엇으로 갚으리오?

하나님께서 주신 기도의 능력으로 남편이 목사님으로 세워지는 그 길을 닦게 하셨고 딸과 아들, 후손만대에게 믿음의 가문을 열었을 뿐 아니라 기도의 유산을 남기게 하셨다.

돈은 있다가도 없어지지만, 기도의 유산은 하늘 창고에 쌓여있고 좀과 동록과 도적이 해하지 않는 영원히 남는 유산이 되는 것이다.

이제 하나님의 그 높은 뜻, 그 깊은 뜻을 조금이나마 헤아리겠나이다. 용서하여 주옵소서!

사랑의 하나님을 찬양합니다! 사랑합니다. 예수님!

1.

물질로 연단하시되
나를 기억된 바 되신 하나님

2002년 하나님께서 가정의 경제적인 몰락을 허락하셨을 때, 어느 날 신용카드 회사에서 걸려온 전화를 받는다. 빠져나가야 할 카드값이 지불이 안 된 것이다. 잔액부족이다. 한 번 더 연체되면 신용불량자로 등록된다는 것이다.

얼마나 기가 막히고 참담한 심정이던지!
눈물이 앞을 가렸다.

그때까지는 융자나 마이너스통장을 써 본 적이 없었다. 알지도 못했다. 결국 처음으로 마이너스통장을 만들었다. 월급통장으로 사용하는 국민은행 통장이다.

마이너스 통장을 만들어서 십일조를 하면서 눈물을 뚝뚝 흘리며 하나님께 기도를 드렸다.

'하나님! 제가 마이너스통장으로 십일조를 합니다. 이 국민은행 통장을

나는 교장! 나는 사모!

축복하시사 퍼내도 퍼내도 마르지 않는 샘물 같은 물질의 축복을 주옵소서!'

나중에 학교에서 월급통장을 농협으로 바꿔 주는 게 행정업무 처리상 편하다고 해서 농협으로 월급을 받았지만, 난 언제나 국민은행 통장으로 십일조를 했고 하나님의 일하심을 국민은행 통장을 통해서 이루실 것을 기대하며 살아왔다.

미국에 딸과 아들이 유학을 가 있을 때에도 융자를 받아 국민은행 통장에 넣어놓고 그 통장에서 유학비를 보냈다.

2022년 7월 21일!

국민은행 마이너스 통장을 사용한 지 딱 20년이 지난 날이다. 20년 동안 딸과 아들 유학비, 개척교회 지원금 등 융자에 융자를 거듭하여 '융자의 여왕'으로 살아왔다. 월급이 통장으로 들어오면 후루룩~ 이자와 원금 상환으로 거의 빠져나가니 적금 들고 예금할 생각은 하지도 못했다.

이날은 하나님께서 상급으로 주신 김포 풍무 P 아파트를 매매하여 모든 융자를 다 갚게 하신 역사적인 날이다. 2002년! 눈물로 십일조를 드렸던 그 마이너스 국민은행 통장으로 입금되어 모든 빚을 갚아 주신 것이다.

하나님은 나의 어려운 상황 가운데 하나님께 신앙고백으로 드린 십일조를 받으시고 내 눈물의 기도를 들으시고 국민은행 통장을 축복하신 것이다.

'하나님의 은혜가 이렇게 놀라울 수가!'

"만군의 여호와가 이르노라 너희의 온전한 십일조를 창고에 들여 나의 집에 양식이 있게 하고 그것으로 나를 시험하여 내가 하늘 문을 열고 너희에게 복을 쌓을 곳이 없도록 붓지 아니하나 보라" (말라기 3장 10절)

강남의 아파트가 떨어진 것도 아니고 로또가 당첨된 것도 아니고 건물주가 된 것도 아닌데 뭐가 그렇게 감격스럽냐고 고개를 갸우뚱거릴 수도 있다.

하나님께서 나의 신앙고백을 들으시고 20년 동안이나 기억하시면서 하나님의 시간표대로 버틸 수 있도록 은혜를 내려 주시고, 많은 것을 가졌으나 감사가 없었던 예전의 나의 죄악을 회개하게 하시고 훈련시키시고 드디어 '감사'를 가르쳐 주신 것이다.

이 얼마나 감사한 일인가?

지금 나에게 많은 물질이 있지 않지만, 빚이 없다는 것에 감사하다. 오늘부터 나는 적어도 '융자의 여왕'이 아니다.

내게 감사를 알게 하시고 고백하게 하신 하나님을 찬양한다. 할렐루야!

나는 교장! 나는 사모!

"너를 낮추시며 너를 주리게 하시며 또 너도 알지 못하며 네 조상들도 알지 못하던 만나를 네게 먹이신 것은 사람이 떡으로만 사는 것이 아니요 여호와의 입에서 나오는 모든 말씀으로 사는 줄을 네가 알게 하려 하심이니라" (신명기 8장 3절)

2.

남편을 믿음의 사람으로
세우신 하나님

남편에 대한 기도제목은 항상 믿음의 가장으로 세워 달라는 것이었다.

개척교회가 결코 쉬운 것은 아니었으나 개척교회를 해 보지 않으면 결코 경험할 수 없는 하나님의 특별한 은혜가 있다. 그것은 말로 표현할 수 없고 해 본 사람만이 아는 것이다.

이것 또한 특별한 하나님의 은혜가 아니면 무엇이랴?

그런데 이런 어렵고 힘든 여정 가운데 어느덧 남편은 믿음의 사람으로, 하나님의 사람으로 우뚝 서 있는 것이 아닌가?

하나님은 작은 고난을 주시면서 큰 믿음을 선사하신 것이다.

힘들다고 하나님께 소리치고 눈물 흘리며 다시 세상적인 축복을 달라고 원망하는 어리석은 나에게 이 세상을 다 주고라도 얻고 싶은 '믿음으로 남편을 세워 주신 하나님'께 말로 다할 수 없는 감사를 올려드린다. 값없이 거저 주신 믿음!

"천국은 마치 밭에 감추인 보화와 같으니 사람이 이를 발견한 후 숨겨 두고 기뻐하여 돌아가서 자기의 소유를 다 팔아 그 밭을 샀느니라 또 천국은 마치 좋은 진주를 구하는 장사와 같으니 극히 값진 진주 하나를 발견하매 가서 자기의 소유를 다 팔아 그 진주를 사느니라" (마태복음 13장 44~46절)

세상에서 가장 소중한 것들은 돈 주고 사는 것이 없다. 햇빛도, 공기도 돈 주고 사는 것이 아니지만 없으면 도저히 살아갈 수가 없는 소중한 것이다. 시간도 그렇다. 그러나 무엇보다 구원은 돈 주고 살 수 없고 오직 예수님을 믿음으로만 얻을 수 있는 소중한 것이다.

드디어 남편을 세움으로 믿음의 가문에 기초가 완성된 것이다.
하나님은 수없이 원망하고 불평한 나에게 말씀하신다.

'내가 너를 사랑한다.'

내가 기도하려고 눈만 감으면 눈물이 흐르는 이유이다.

직접 음성을 듣지는 않았으나 아마도 하나님께서 이렇게 말씀하시는 것 같다.

'네 남편은 너보다 내가 더 사랑한다.'

남편의 부르심을 위해 그 많은 재산도 가져가셨고 어려움도 주셨지만 남편의 믿음을 반석 위에 세우고자 하는 뜻을 알게 하시니 모든 고난과 어려움이 하나하나 이해가 된다. 그리고 내가 늘 기도했던 남편의 믿음으로 우리 가정의 고난도 문제도 다 해결되었다. 경제적인 문제도 하나하나 해결되고 있고 남편으로 인하여 축복의 문이 열리게 되니 가정의 축복이 시작되었다. 질서의 하나님은 나와 자녀와 후손들에게 축복을 주시되 반드시 남편을 통해서 하신다. 남편을 가정과 교회의 머리로 세우셨기 때문에 남편을 통해서 축복이 흘러넘치게 하신다. 물이 위에서 아래로 흐르는 것처럼.

진정한 위로

"방백들을 의지하지 말며 도울 힘이 없는 인생도 의지하지 말지니 그의 호흡이 끊어지면 흙으로 돌아가서 그 날에 그의 생각이 소멸하리로다 야곱의 하나님을 자기의 도움으로 삼으며 여호와 자기 하나님에게 자기의 소망을 두는 자는 복이 있도다" (시편 146편 3절~5절)

삶 가운데 내가 남편을 많이 의지했던 것 같다. 나는 어려운 고비마다 남편이라면 이렇게 저렇게 해 주어야 한다고 스스로 목표를 정해 놓고 기대했었다. 그런데 채워 주지 못하는 부분에 대해 남편에 대한 서운함이 많이 있었던 것 같다. 하나님께서 내 삶을 주관하셨고 내가 의지할 분도 고난을 주시는 분도 축복을 주시는 분도 문제를 해결해 주실 분도 하나님이셨는데 나는 인간적인 마음으로 남편을 의지하다 보니 나를 힘들게 하

나는 교장! 나는 사모!

는 대상이 남편이고 나에게 어떤 것도 해결해 주지 않는다고 마음에 차지 않아 속상해했던 것 같다.

하나님은 말씀하신다. 도울 힘이 없는 인생을 의지하지 말라고! 사람은 '사랑할 대상'이지 '의지할 대상'이 아니라고! 내가 의지할 분 오직 주 예수 그리스도 한 분이시고 그분이면 충분하다.

"나의 힘이 되신 여호와여 내가 주를 사랑하다이다" (시편 18편 1절)

말로 표현은 잘 못하지만 남편은 늘 나에 대한 고마움이 있다. 그래서 체력이 달리는 나를 위해 된장찌개 보글보글 끓여서 저녁을 준비해 주기도 하고 하찮은 것이라도 나를 위해 최선을 다하는 모습을 본다. 정말 '남편밖에 없다'라는 고백을 하게 된다. 남편의 정성과 사랑이 적잖은 위로가 되었지만 내게 진정한 위로는 되지 않는다. 완전한 위로는 하나님께로부터만 오기 때문이다. 하나님만이 나의 힘이시다.

"한나에게는 갑절을 주니 이는 그를 사랑함이라 그러나 여호와께서 그에게 임신하지 못하게 하시니" (사무엘상 1장 5절)

아내가 둘이었던 엘가나에게 브닌나는 여러 아이를 낳았고, 한나는 하나님께서 임신하지 못하게 하셨다. 그런 아이를 갖지 못하는 아내를 위로하기 위해 남편은 최선을 다했지만 아이를 갖지 못한 아내를 온전하게 위로할 수는 없었다. 내게 진정한 위로를 주는 분은 하나님 한 분이라는 것을 깨달았다.

"우리의 모든 환난 중에서 우리를 위로하사 우리로 하여금 하나님께 받는 위로로써 모든 환난 중에 있는 자들을 능히 위로하게 하시는 이시로다" (고린도후서 1장 4절)

3.

내게 주신 사명을
온전히 감당하게 하신 하나님

내게는 세 가지 사명이 있다는 생각을 한다. 가정에서의 선교사, 학교에서의 선교사, 교회에서의 선교사가 아니었을까?

가정에서 남편과 자녀들을 믿음으로 세우기 위해 기도하며 섬기는 일이었고, 학교 신우회를 통해 학교공동체 영혼구원을 놓고 기도하며 예배의 제단을 쌓는 일, 그리고 하나님께서 부르신 교회에서 한 영혼을 놓고 눈물로 기도하는 일이었다.

나의 사명을 다른 언어로 표현하면 나는 엄마, 나는 교장, 나는 사모이다. 물론 가정에서는 엄마요 아내이고 학교에서는 교사이며 교장이었고 교회에서는 사모이면서 성도이다.

"내가 그로 그 자식과 권속에게 명하여 여호와의 도를 지켜 의와 공도를 행하게 하려고 그를 택하였나니 이는 나 여호와가 아브라함에게 대하여 말한 일을 이루려 함이니라" (창세기 18장 19절)

하나님께서 내게 주신 성경 말씀이라고 어떤 목사님으로부터 전해 받은 로고스의 말씀이다.

그 어려웠던 시절에도 내가 견딜 수 있었던 것은 내게 주신 이 세 가지 선교사적 사명 때문이라고 감히 고백하고 싶다.

하나님은 내게 사명을 주시고 감당할 믿음도 성장시켜 주셨다.

"그가 나를 데리고 성전 문에 이르시니 성전의 앞면이 동쪽을 향하였는데 그 문지방 밑에서 물이 나와 동쪽으로 흐르다가 성전 오른쪽 제단 남쪽으로 흘러내리더라 그가 또 나를 데리고 북문으로 나가서 바깥 길로 꺾여 동쪽을 향한 바깥 문에 이르시기로 본즉 물이 그 오른쪽에서 스며 나오더라 그 사람이 손에 줄을 잡고 동쪽으로 나아가며 천 척을 측량한 후에 내게 그 물을 건너게 하시니 물이 발목에 오르더니 다시 천 척을 측량하고 내게 물을 건너게 하시니 물이 무릎에 오르고 다시 천 척을 측량하고 내게 물을 건너게 하시니 물이 허리에 오르고 다시 천 척을 측량하시니 물이 내가 건너지 못할 강이 된지라 그 물이 가득하여 헤엄칠 만한 물이요 사람이 능히 건너지 못할 강이더라 그가 내게 이르시되 인자야 네가 이것을 보았느냐 하시고 나를 인도하여 강 가로 돌아가게 하시기로 내가 돌아가니 강 좌우편에 나무가 심히 많더라 그가 내게 이르시되 이 물이 동쪽으로 향하여 흘러 아라바로 내려가서 바다에 이르리니 이 흘러내리는 물로 그 바다의 물이 되살아나리라 이 강물이 이르는 곳마다 번성하는 모든 생물이 살고 또 고기가 심히 많으리니 이 물이 흘러 들어가므로 바닷물이 되살아나겠고 이 강이 이르는 각처에 모든 것이 살 것이며 또 이 강 가에 어부가 설 것이니 엔게디에서부터 에네글라임까지 그물 치는 곳이 될 것이라 그 고기가 각기 종류를 따라 큰 바다의 고기 같이 심히 많으려니와 그 진펄과 개펄은 되살아나지 못하고 소금 땅이 될 것이며 강 좌우 가에는 각종 먹을 과실나무가 자라서 그 잎이 시들지 아니하며 열매가 끊이지 아니하고 달마다 새 열매를 맺으리니 그 물이 성소를 통하여 나옴이라 그 열매는 먹을 만하고 그 잎사귀는 약 재료가 되리라" (에스겔 47장 1~12절)

에스겔이 본 환상의 내용이다. 성전에서 물이 흘러나와 발목까지 차오르더니 차츰 무릎, 허리, 드디어 헤엄을 쳐야 하는 강물이 되었다. 성전에서 흘러나오는 물이 강물이 되고 이르는 곳마다 생명이 살아나게 된다. 강에는 물고기가 심히 많고 그 강 좌우에는 각종 과실나무가 자라서 풍성한 열매가 넘치고 심지어 그 잎이 약재가 된다.

발목신앙이었던 나는 무릎, 허리, 드디어 헤엄치는 신앙이 되어 고난을 이겨 나갈 수 있는 힘을 주셨다. 믿는 우리 한 사람 한 사람이 성전인데 '나'라는 성전에서 생명수가 흘러나온다면 죽어가는 영혼을 구할 수 있을 것이다. 상처받고 힘들어하는 영혼에게 약재료가 될 수 있을 것이다. 내가 헤엄치는 신앙이 되어 주님께서 주신 사명을 앞으로도 잘 감당하길 소원한다.

나에게 사명 주신 하나님께 감사하다. 잘 감당하지 못해 항상 죄송한 마음이다. 어느 날 주님 앞에 갔을 때 "내가 부른 곳에서 버티느라 고생했다." 말씀해 주신다면 얼마나 좋을까?

4.

믿음의 명문 가문으로
인도해 가시는 하나님

딸을 통해 믿음의 명문가문을 이루실 하나님께 감사합니다!

　딸은 고난의 불구덩이를 통과하면서 20대까지 몸도 마음도 많이 힘든 시간을 보냈다.

　그리고 믿음의 사람을 만나 결혼하고 하나님께서 믿음, 사랑, 소망 세 자녀를 기업으로 주셔서 믿음으로 양육하고 있다. 미국에서 대학을 나왔지만 자녀 셋을 키우느라 사회생활을 본격적으로 하지 못하고 있는 것을 한 번씩 힘들어한다.

　"이 세상에서 가장 귀한 일이 자녀를 낳아 믿음으로 키우는 거야. 네가 키우는 자녀 속에 민족이 있을 수도 있고 인류에 크게 공헌하는 글로벌한 인물이 나올 수도 있고 무엇보다 하나님께 영광 돌리는 믿음의 사람이 나올 수 있어. 얼마나 귀한 일이니? 그리고 나중에 언제라도 올 딸을 쓰실 것이면 하나님께서 하실 거야. 신앙생활 잘하며 하나님을 기대하고 바라보자!"

지금은 자녀를 믿음으로 양육하면서 짬을 내어 하루 3~4시간 정도 어학원에서 영어를 가르친다. 참 감사하다.

난 생각한다. **'어학원에서 몇 시간 가르치는 일도 아마도 하나님은 괜히 하게 하시지는 않으실 거야'**

난 딸을 통해 일하실 좋으신 하나님을 기대한다. 믿음이, 사랑이, 소망이를 통해 얼마나 멋진 믿음의 명문 가문을 세워 나가실지!

사위는 하나님 다음으로 우리 딸을 사랑해 주고 책임감이 강하며 성실하다. 어렵고 힘든 상황을 끝도 없이 참아내는 인내의 사람이다. IT 회사 일을 성실히 하면서 AI 관련 미래를 대비하는 노력들을 찬찬히 해 나가는 믿음직한 모습들을 보여 준다. 밤늦게까지 회사에서 일하고 가정으로 돌아와 육아와 가사일을 돌보고 딸의 이야기를 다 들어주며 사랑으로 감싸주는 모습을 보며 하나님께 감사하고 있다. 사위를 통해서 하나님께서 하실 일 또한 기대한다.

아들을 통해 믿음의 명문가문을 이루실 하나님께 감사합니다!

아들은 미국에서 돌아와 고졸 출신으로 육군으로 군대를 갔다. 나의 절친의 남편이 육군 장군으로 재직하고 있던 때였기에 부탁을 해 볼까도 생각을 했다. 그런데 바로 '우리 아들은 하나님의 자녀인데 하나님께서 책임져 주시겠지! 인간적인 방법은 내려놓자' 하고 기도만 했다.

전방에 배치가 되었고 행정병이 되었다는 소식을 주며 잘 지낸다고 소식을 전해 준다.

"잘됐네! 어떻게 행정병이 됐어?"

"어~ 후임이 영어공부하고 싶다고 해서 취침시각을 늦게 한다고 보고하고 밤에 가르쳐 줬어. 그런데 대대장님이 순시를 하시다가 내가 가르치는 걸 몇 번 보셨거든. 그거밖에 생각나는 거 없어. 엄마."

'후임이 들어오면 심부름시키고 기합 주고 하는 것이 다반사인데, 밤에 영어를 가르쳐 줬다니~~ 참! 내 아들이라도 잘 컸다.'

내 마음이 푸근했다. 그렇게 군대에서 몸도 마음도 안정되어갔다.

"아들아! 어떻게 할래? 난 이제 너한테 부담 주며 기대하고 했던 것 십자가 앞에 다 내려놨다. 회개하고. 기술을 배울 거면 배우고, 뭐든지 너가 하고 싶은 거 해! 진심이야."

"엄마! 많이 생각해 봤는데, 나 그냥 공대 갈래."

"그래? 영어 관련 학교를 가면 좀 더 좋은 대학을 갈 수 있는데 공대라면 좋은 대학은 못 갈 것 같애. 어차피 영어특전으로 가야돼. 학생부도 없고 요리조리 조건이 안 되니 그거밖에 없어."

나는 교장! 나는 사모!

"상관없어. 토익시험 볼 테니 엄마가 알아봐서 넣어 줘."

남편과 함께 알아봤다. 경기도에 있는 대학 공대에서 영어전형으로 2명을 뽑았다. 토익성적은 우수했고 결국 아들이 군대에 있을 때 남편과 함께 인터넷으로 원서를 넣어 합격해서 2월에 제대해서 3월에 입학을 했다.

내심 걱정을 했다. 중학교를 졸업하고 미국에 가서 수Ⅱ를 배우지 않았는데 공대는 수학을 모르면 안 될 것 같아서이다. 그런데 어차피 내가 도와줄 수 있는 부분이 아니고 하나님께 맡겼으니 하나님께서 하시리라 생각하고 손을 놓았다.

그런데 인터넷으로 수학을 공부해서 기초를 닦았고 대학 4년 동안 장학금을 받으며 동생들과 즐겁게 학교생활을 했다.

학점도 좋고 토익성적도 좋고 해서 대기업이나 한전을 취직하면 얼마나 좋을까? 싶었다.

쉽지는 않지만 1년 선배도 학점이나 토익 등 스팩이 뛰어나지 않은데 한전에 합격했다는 것이다. 기도도 했다. 서류전형은 모두 통과되는데 1000문제를 4시간에 걸쳐서 풀어야 하는 인적성검사에서 떨어지는 것이다. 그 시험은 수학, 과학, 철학, 역사, 예술 등 다방면의 지식이 있어야 되는데 고등학교를 미국에서 나온 터라 역사나 상식 등 쉽지가 않았고 그 시험을 위해 대비하는 시간도 부족했다. 결국 포기하고 중소기업에 입사를 했다. 그것 또한 감사했다!

예전 같으면 하나님께 원망이 나올 법도 하다. 그러나 감사했다. 물론 하나님께서 주신 음성 덕분이기도 하다.

"이 직장은 아들에게 가장 좋은 곳이란다."

워낙 아들에 대한 꿈이 컸던 나는 도대체 뭐가 가장 좋은 직장일까? 생각할 수도 있었지만, 아니다. 하나님께서 가장 좋다면 좋은 것이다. 나의 어리석은 생각으로 위대하신 하나님을 제한하는 우를 범하지 않을 것이다. 이제!

아들의 결혼

신앙생활을 처음 시작할 때부터 아들 결혼을 놓고 믿음의 여인을 달라고 기도하고 있었다. 아들은 예수님을 믿지 않는 여자 친구를 만나고 있었다. 믿는 며느리를 얻고 싶었는데 하나님께서 왜 이런 기도를 들어주시지 않을까? 서운한 마음이 들었다. 내가 대단한 것을 바라고 원한 것인가? 믿음의 여인은 하나님의 뜻과도 부합할 텐데.

2022년 8월 5일! 교회에서 아들 결혼문제를 놓고 기도하고 있었다. 답답한 마음에 기도하다가 교회에서 키우는 동양란에 분무기로 물을 뿌려주었다. 그런데 가만히 보니 죽을 것 같이 생긴 난에 연둣빛 새순이 올라와 있는 것이 아닌가? 그 새순이 어찌나 예쁘던지!

'너무 예쁘다'

혼잣말을 하고 있었다.

'뿌리가 살아 있으니까 물주고 분무기를 뿌려주고 하니 이렇게 예쁜 새 순이 나오네!'

이런 말을 하고 있는데 그 말이 끝나자마자 하나님께서 깨달음을 주신다.

'조항수와 이경진도 믿음의 뿌리는 살아 있어! 동양난처럼 사랑해 주고 칭찬해 주고 기다려주면 누구보다 예쁜 믿음의 새순이 자라날 거야!'

순간 놀랐다.

사실은 아들도 교회는 계속 다녀도 하나님께서 살아 계신지를 모르겠 단다. 아들의 여자 친구도 어려서도 교회를 다닌 적이 있고 고등학교도 미션스쿨을 다녀 복음을 알고는 있는데 믿어지지 않는단다. 친정어머니 는 처녀 때 교회를 다니셨고 외가댁은 신실한 기독교 집안이라고 한다.

그래! 그것이구나! 물도 사랑도 안 주면서 왜 새순이 안 나오냐고 소리 친들 새순이 나오지 않을 뿐더러 죽어 버리지 않겠는가? 믿음의 이야기 를 들려주기 이전에 오히려 사랑해 주고 격려해 주고 기다려주면 믿음의 뿌리에서 연둣빛 새순 같은 예쁜 신앙이 피어오를 것이라는 깨달음을 주시니 너무 감사했다.

　나는 믿음의 여인을 달라고 25년을 기도했지만, 하나님의 깊은 뜻은 그 게 아니었다. 생각해 보니, 우리 아들이 믿음이 부족한데 믿음 강한 여인을 붙여주면 사실은 부담스럽고 힘들지 않겠는가? 함께 보조를 맞추며 신앙도 성장하라고 아들에게 가장 좋은 여인을 하나님께서 선물하시고 나에게 그 뜻을 깨닫게 하신 것이다. 하나님은 언제나 옳으시다. 좋으신 하나님!

　"사람이 그 길을 계획할지라도 그 걸음을 인도하시는 자는 여호와시니라" (잠 언 6장 9절)

　며느리는 착하고 예쁘고 똑똑한 아이이다. 믿음은 없지만 서울에서 멀 리 시골에 있는 시아버지가 목회하시는 교회까지 주일예배를 드리러 온 다. 영접기도를 했고 아들과 함께 성경공부도 하고 있다. 요즘 젊은 세대 에서 보기 드문 아이 같아 참 감사하고 있다. 며느리의 순종의 결과는 믿 음의 축복으로 열매 맺히리라 믿음의 눈으로 바라본다.

5.

기도와 버팀으로
나를 온전히 변화시키신 하나님

하나님께서 불신가정 가운데 기도의 사명을 주셔서 많이, 깊이 그리고 다양한 방법으로 기도를 해 왔던 것 같다. 나는 욕심이 많아서 뭐든 갖고 싶었다. 경지에 오르고 싶었다. 영적인 욕심도 그랬다. 그래서 전투적으로 기도했던 것 같다. 앵무새처럼 기도제목을 정리한 것을 매일 외워서 기도하기도 하고 부르짖는 기도, 마귀대적기도, 방언기도도 하고 금식기도도 많이 했다. 어떨 때 분노, 낙심 등등의 이유로 기도가 안 될 때는 주기도문을 마음이 평안해질 때까지 10번이고 100번이고 읊조리기도 했다.

기도를 깊이 많이 하다 보니 생각지도 않는 은사들도 생기고 기도줄 잡고 기도하는 것이 참 재미있기도 하고 응답도 많이 받았다.

그런데 생각해 보니, 처음부터 하나님께서는 나에게 입술의 권세를 주셨고 기도의 능력을 주셨기에 지루하지 않게, 지치지 않고, 심지어 재미있게 깊이 기도하는 것이 가능했던 것이다.

그렇다면 하나님께서 왜 나에게 기도의 능력을 구하지도 않았는데 주셨을까? 기도의 자리로 나를 견인하여 기도하게 하셨을까?

그 질문의 답은 '사명' 때문이었다.

나에게는 믿음의 불모지! 불신가정 가운데 남편을 주의 종으로 선택하신 하나님의 계획대로 그 사명의 길을 닦아 줄 사람이 필요했다. 방법은 기도였다. 그 사명자는 때론 어머니이기도 하고 장모이기도 하고 아내이기도 한 것 같다. 그 사명자로 내가 선택 받았고 더불어 기도의 훈련으로 그 길을 닦게 하신 것이다.

열심히 기도하는 나의 중심의 밑바닥에는 '응답' '성취' '성공' 등의 아이콘이 심겨져 있었다. 그런데 오랜 시간이 지난 후에 깨달았다.

내가 기도한다는 것은 하나님께 어떤 응답을 받는다 할지라도 하나님께서 응답하신 대로 '순종'하겠다는 결단이라는 것을!

이 깨달음이 없었기에 내가 이렇게 열심히 기도하는데 내 뜻대로 응답안 해 주신다고 하나님을 원망하고 울고불고 내 몸이 상할 만큼 힘들어하고 아프고 놀래고 좌절하고 낙심했던 것 같다.

지금부터도 또 그 어리석음을 반복할 수도 있겠지만, 그래도 이 귀한 깨달음을 몸소 체험했으니 적어도 내 마음속에 폭풍우가 아닌 약한 파도 정도로 마무리되지 않을까?

나는 특별히 어떤 은사를 구한 적은 없었다. 그런데 은사를 받는다는 것은 사실 알고 보면 그리 좋은 것은 아니다. 은사를 많이 받았다면 그만큼 사명이 큰 것이고 은사를 적게 받았다면 사명이 그만큼 적은 것이다. 하나님의 은혜로 거저 주신 은사는 죽어가는 영혼, 잃어버린 영혼, 아픈 영혼들을 위해 사용하라고 주신 것이다. 자랑하라고 주신 것이 아니라! 결국 그 은사를 사용하여 많은 영혼을 살리고 돕는데 사용했다면 하늘의 상급이 있을 터인데 은사를 받고 불쌍한 영혼을 도울 기회를 주셨음에도 은사를 사용하지 않았다면 어느 날 주님 앞에 갔을 때 그 엄중한 심판을 어찌 견디리오?

그것을 깨닫고는 은사 받는 것도 두렵다.

'주님! 원하고 바라옵기는 주어진 사명 잘 감당하다가 주님 심판대에 섰을 때 '잘했다!' 칭찬받고 싶습니다!'

하박국의 에무나

목회자 세미나에 간 어느 날! 낙심의 구렁텅이에 있는 나를 말씀으로 다시 세우는 소중한 시간을 접했다. 에무나에 관한 말씀이었다. 다음은 설교 말씀의 일부이다.

믿음은 히브리어로 '에무나(Emunah, אֱמוּנָה)'이며, 히브리 어원인 '아문(amun)' 혹은 '에문(emun)'에서 유래되었습니다.

바울이 전하는 복음과 구원에 관한 가르침에서 '믿음으로 의롭게 된다'는 것은 대단히 중요한 핵심 진리입니다.

"오직 의인은 믿음(에무나)으로 말미암아 살리라"라는 말씀은 '믿음으로 의롭게 된다'는 이신칭의 즉 진리의 근거가 되는 말씀으로 바울이 여러 번 인용했던 문구입니다. 바울은 로마서뿐만 아니라 갈라디아서와 히브리서에서도 언급하고 있습니다.

"또 하나님 앞에서 아무도 율법으로 말미암아 의롭게 되지 못할 것이 분명하니 이는 의인은 믿음(에무나)으로 살리라 하였음이라" (갈라디아서 3장 11절)

"나의 의인은 믿음(에무나)으로 말미암아 살리라 또한 뒤로 물러가면 내 마음이 그를 기뻐하지 아니하리라 하셨느니라" (히브리서 10장 38절)

그런데 이 문구의 말씀은 본래 하나님께서 구약의 하박국 선지자를 통해 예언적으로 처음 말씀하신 것이고 바울은 그것을 인용한 것입니다.

"이 묵시는 정한 때가 있나니 그 종말이 속히 이르겠고 결코 거짓되지 아니하리라 비록 더딜지라도 기다리라 지체되지 않고 반드시 응하리라 보라 그의 마음은 교만하며 그 속에서 정직하지 못하나 의인은 그의 믿음(에무나)으로 말미암아 살리라" (하박국 2장 3~4절)

말씀의 배경을 살펴보면 하박국 선지자가 유다의 죄악으로 인하여 애통해 하면서 하나님의 공의를 갈망하며 하나님의 응답을 요구할 때 하나

나는 교장! 나는 사모!

님께서 그에게 답변하시기를 바벨론을 들어서 이 백성들의 죄악을 심판하시겠다는 것입니다. 하박국은 놀라서 그래도 이 하나님의 백성들을 어찌 이들보다 더 패역한 나라를 들어서 심판하시느냐고 반문합니다.

이 하박국의 질문에 대답하시는 말씀이 바로 "의인은 그의 믿음(에무나)으로 살리라"는 것입니다. 멸망과 포로됨이라는 극심한 심판의 소용돌이 속에서도 의인은 믿음으로 말미암아 살아야 된다는 것입니다.

이때 중요한 점은 하나님께서 말씀하시는 '믿음(에무나)으로'라는 것이 어떤 의미인지를 바로 이해하는 것입니다. 너무나 많은 사람들이 '믿음'이라는 것을 단지 마음으로 동의하는 가벼운 의미 정도로 생각합니다. 그러다 보니 '믿기만 하면' 혹은 '믿은 순간' 구원이 다 이루어지는 것으로 여기는 것입니다. 이것은 성경에서 말하는 '믿음'에 대해 충분히 이해하지 못한 것입니다.

결국 하박국 선지자를 통해 말씀하신 '믿음으로(에무나)'란 의미는 한 순간의 동의나 입술의 고백 차원이 아니라 계속적인 진행성과 상황이 종료될 때까지 마음과 힘을 다해 끝까지 참고 견딤의 지속성을 내포하고 있는 것입니다.

즉 버티는 것입니다. 다시 번역한다면 **의인은 오직 버팀으로 살리라라고 말합니다.**
어떤 상황에도 즉 포도나무에 열매가 없으며 밭에 먹을 것이 없으며 외양간에 소가 없을지라도 버티는 믿음이 바로 에무나 신앙입니다.

에무나에 대한 나의 묵상

이해할 수 없고 견디기 힘든 상황 가운데 여호와로 인해 기뻐하는 하박국의 에무나! 이 절대 믿음의 이야기는 지친 나를 한 방에 훅 일어서게 하는 보약이 되었다.

끝없이 낙심하고 하나님을 원망하며 반복적인 죄를 짓는 나의 모습은 이스라엘 백성과 무엇이 다른가? 그럼에도 불구하고 하나님은 나를 포기하지 않으시고 진실함(에무나)으로 버텨 주셨다. 한 손으로 나를 때리시고 다른 한 손으로는 안아주시는 위로의 손길을 수없이 경험하며 눈물의 회개와 주님을 향한 사랑의 고백과 결단으로 다시금 일어서기를 수백 번 했을까? 수천 번이나 했을까? 그런 하나님의 은혜를 입은 나는 원하지 않았던 사명의 길에서 하나님께 버팀(에무나)으로 끝까지 주어진 길을 가야 하는 것이다. 구원의 하나님께 감사함으로 이 길을 가게 하신 하나님께 감사하다.

"비록 무화과나무가 무성하지 못하며 포도나무에 열매가 없으며 감람나무에 소출이 없으며 밭에 먹을 것이 없으며 우리에 양이 없으며 외양간에 소가 없을지라도 나는 여호와로 말미암아 즐거워하며 나의 구원의 하나님으로 말미암아 기뻐하리로다" (하박국 3장 17절~18절)

나는 교장! 나는 사모!

6.

마지막까지 사명 감당하라
하시는 하나님

어느 날 새벽 2시 30분에 깼다. 하나님께서 나에게 성전으로 나오라고 하신다. 교회사택에서 30초 만에 성전으로 나갈 수 있으니 언제나 기도하기는 참 좋다. 예전 목동에서 본 교회가 멀어 기도하고 싶을 때 언제든지 갈 수 있는 집 근처 교회를 찾아다녔던 생각이 난다. 다행히 24시간 기도실을 개방하는 교회를 만나 언제든지 깊이 기도할 수 있어서 감사했었다. 그래도 그곳은 집에서 걸어서 10분은 가야 하고 찻길도 건너야 했는데 바로 옆에 언제나 맘껏 기도할 수 있는 성전이 있어 참 감사하다. 나는 좀 더 잠을 취하고 싶어 4시까지 누워 있다가 더 이상 잠이 오지 않아 성전으로 나갔다. 성전에서 말씀을 먼저 읽었다. 성경일독 요한복음 21장을 읽을 차례이다. 학교에서는 구약성경을 읽고 교회에서는 신약성경을 일독한다. 내용은 예수님께서 승천하시기 전 베드로를 만나 '네가 나를 사랑하느냐?' 물으시고 '내 양을 먹이라'고 3번 말씀하신 내용이다.

"그들이 조반 먹은 후에 예수께서 시몬 베드로에게 이르시되 요한의 아들 시몬아 네가 이 사람들보다 나를 더 사랑하느냐 하시니 이르되 주님 그러하나이다 내가 주님을 사랑하는 줄 주님께서 아시나이다 이르시되 내 어린 양을 먹이라

하시고 또 두 번째 이르시되 요한의 아들 시몬아 네가 나를 사랑하느냐 하시니 이르되 주님 그러하나이다 내가 주님을 사랑하는 줄 주님께서 아시나이다 이르시되 내 양을 치라 하시고 세 번째 이르시되 요한의 아들 시몬아 네가 나를 사랑하느냐 하시니 주께서 세 번째 네가 나를 사랑하느냐 하시므로 베드로가 근심하여 이르되 주님 모든 것을 아시오매 내가 주님을 사랑하는 줄을 주님께서 아시나이다 예수께서 이르시되 내 양을 먹이라" (요한복음 21장 15~17절)

하나님께서 성전으로 나오라 하셔서 내게 말씀하시려고 하신 것이 이 말씀이라는 것을 깨달았다. 이제 정년퇴직이 얼마 남지 않았다. 여러 가지의 사명 중 이제 교회만 감당하면 될 것 같아 지금까지보다 전념해서 할 수 있지 않을까? 생각해왔다.

복음을 전하고 영접기도 하고 말씀으로 양육하고 교회로 초대해 잘 적응할 수 있도록 섬기는 것은 잘할 수 있다. 지금까지 내가 전도한 방식이었다. 그런데 나의 아킬레스건은 그 다음이다. 전도대상이 상처가 많아 가시로 나를 찔러대면 내가 피를 철철 흘리더라도 그래도 끝까지 품어야 믿음이 성장하고 교회에 정착이 될 텐데~ 지금까지는 그 순간 내가 포기하고 버렸다. 다시 말하면 전도는 할 수 있지만 내가 다치면서까지는 못하겠다는 뜻이다.

그런데 가만히 생각해 보면, 나는 어떤 사람일까?
고슴도치는 저리 가라 수준으로 까칠하지 않았나? 그렇다면 나는 어떻게 예수님을 믿고 교회 공동체에 적응하며 지내왔을까? 생각하니 누군가 나를 위한 중보기도가 있었고 섬김이 있었고 누군가 나를 봐준 것이 있었고 당해 주고 견뎌준 것이 있었고 내가 상처의 가시로 찔러대서 피를 흘리며 아파도 품어 주었던 누군가가 있었기에 내가 믿음이 성장하고 여기까지 올 수 있었던 것이 아닌가?

나를 위해 가장 많이 그리고 값지게 피 흘리신 분은 예수님이시다.

예수님은 나를 구원하시기 위해 갖은 고난과 십자가의 고통과 피 흘림을 감당하셨고 나를 구원하신 이후에도 끊임없는 불평과 원망과 찔러대는 가시의 피 흘림이 있으셨다. 버리시면 되는데 나에게 당하시면서도 끝까지 사랑하시고 계시는, 종국에는 나를 천국으로 인도하실 예수님!

갑자기 눈물이 줄줄 흐른다.

나는 그런 지극한 예수님의 사랑을 받아왔는데 그 받은 사랑을 흘려보내라 하니 "나를 찔러대는 사람은 안 되고요~ 말 잘 듣고 성격 좋은 사람만 접수받아요~~" 이러고 있는 내 모습을 보고 얼마나 역겨우셨을까? 그래도 또 나를 품으시는 예수님!

"예수님! 저 구원해 주셔서 감사합니다. 얼마 지불하면 될까요?"

"어~~ 공짜! 믿기만 해라!"

"예수님! 우리 남편 주의 종 만들어 주셨는데 대통령보다 귀한 직분 주신 것 감사합니다. 대가로 얼마 드리면 될까요?"

"어~~ 공짜! 사명만 잘 감당해라!"

"예수님! 사명 주셔서 목사 사모로서 귀한 영혼 섬기게 하시니 감사합

니다. 그런데 능력도 성품도 모든 게 부족한데 어떻게 하죠?"

"어~~ 그 필요한 능력! 성품! 물질! 모든 것 내가 공급해 줄게~~"

"감사합니다. 예수님! 그렇게 모든 것 무한리필로 공급해 주시니 저는 감사의 의미로 그래도 조금이나마 얼마를 드리면 될까요?"

"어~~ 공짜! 내가 거저 줄게."

"예수님! 감사합니다. 제가 너무 뻔뻔한 것 같아요. 그럼 조금이나마 예수님께서 베풀어주신 그 크신 은혜를 어떻게 갚으면 될까요?"

"어~~ 내 양을 먹이라!"

"네~~ 알겠습니다. 늑대로부터 목숨 걸고 양을 보호하고 쉴만한 물가와 푸른 초장으로 인도하고 낮이나 밤이나 돌보고 살피겠습니다!"

그렇다! 나는 복음에 빚진 자이다. 내가 받은 사랑을 흘려보내야 하는 사명이 있다. 그것은 예전의 나처럼 죽어가는 영혼을 살리는 일이다. 그런데 그것은 그리 쉬운 일이 아니다. 지금까지 내가 경험했던 것처럼! 예수님이 나를 위해 목숨을 건 것처럼 나도 그 한 영혼을 위해 목숨을 걸어야 하는 것이다.

깊은 깨달음을 주신 예수님께 감사하며 사택으로 돌아왔다. 믿음의 결단을 가지고!

그런데 한 가지 간구를 올렸다. 요한복음 21장의 끝부분은 베드로의 순교를 예언하고 계신다. 그래서 저는 그래도 고난 없이 양육하게 하시고 삶의 끝자락에 평안함과 축복을 달라고 기도했다.

내가 나를 생각해도 참 징하다. 예수님이 하도 기가 막혀서 웃으셨을 것 같기도 하다. 순교는 아무나에게 하라고 안하신다. 큰 믿음의 사람에게 맡기시지 나 같은 사람에게 맡기시려고! 그래도 마음에 그런 기도를 드리고 싶었다.

7.

심령의 부흥을
허락하신 하나님

그렇게도 바라는 교회 부흥!

2021년 1월 27일 수요예배 후 여느 때처럼 교회를 위해 혼자서 방언 기도를 하고 있는데 환상을 보여 주신다.

교회 바닥에 지하 기초작업이 다 끝나고 철조가 나온 모습의 환상이다.

해석하기로는 교회 기초작업이 모두 끝났으니 지상공사는 금방 수축된다는 뜻인 것 같다. 집을 지을 때 땅 밑 바닥공사가 오래 걸리고 힘들고 하지 않는가? 부흥되기까지 그리 오래 걸리지 않는다는 응답으로 해석되었다. 지금 부르신 곳이 아니더라도 목사님을 통해 어디서든지 교회가 세워져 나가는 모습으로 생각되어졌다.

2021년 6월 20일!

주일예배 중 환상을 보여 주셨다.

나는 교장! 나는 사모!

*교회 기초공사가 끝난 후 벽돌로 한쪽 벽이 올라가는 모습*을 보여 주셨다.

현실에는 증거가 눈에 보이지 아니하고 귀로 들리지 아니하고 손에 잡히지 아니하여도 하나님께서는 교회를 세우시기 위해 일하고 계심을 보여 주셨다. 하나님의 일을 하나님의 때에 하나님의 방법으로 하실 줄 믿고 감사하다. 할렐루야!!!

그러나, 그리 아니 하실지라도 부르신 곳에서 예배드림에 감사하다.

"여호와께서 너를 실족하지 아니하게 하시며 너를 지키시는 이가 졸지 아니하시리로다 이스라엘을 지키시는 이는 졸지도 아니하시고 주무시지도 아니하시리로다" (시편 121편 3절~4절)

교회의 수적인 부흥은 아직 이루어지지 않았다. 그러나 주님이 내게 주신 심령의 부흥은 이루어진 것이 아닐까? 하나님 감사합니다. 내게 진정한 부흥을 맛보게 하시니 감사합니다.

The best is yet to come!

어느 주일! 남편 목사님께서 설교를 하시는데 나에게 인상 깊은 문장이 마음에 남는다. 다음은 설교 말씀의 일부이다.

청교도들의 인사법이 있습니다. 그들이 믿음 때문에 많은 고난을 견디고 당시의 사회 속에서 핍박당하고 소외당하는 고통의 삶을 견디던 시절 요즈음 서양 사람들의 보편적인 인사법으로 잘 알려진 한 메시지가 탄생한 것입니다.

"가장 좋은 것은 아직 오지 않았습니다." (The best is yet to come)
이 말의 원조가 청교도들이었습니다. 그들은 힘들 때 서로서로 이렇게 인사했습니다.

삶이 힘드시다면 이렇게 자신에게 말해 보세요. "가장 좋은 것은 아직 오지 않았다"고.

힘들고 외롭게 살고 있는 이웃들이 보이십니까?
조용히 다가가 이렇게 말해 주시겠습니까? "가장 좋은 것은 아직 오지 않았습니다"라고.

출애굽기 15장 22절부터 27절 본문에 따르면 이스라엘 백성은 홍해를 건너 사흘길을 걸었으나 물을 얻지 못하고 마라에 이르렀습니다. 그런데 그곳의 물이 써서 마시지 못하자 모세에게 원망하고 불평하였습니다. 하나님은 불과 몇 ㎞가면 엘림에 물샘 열둘과 종려나무를 예비하셨는데 말입니다. 우리의 인생길은 마라와 엘림의 연속입니다. 그러나 우리는 많은 마라에서 곧 있을 엘림을 바라보지 못하고 불평하고 원망하는 우리의 아니 나의 모습을 봅니다. 믿음의 눈으로 앞으로의 여정을 바라봅시다.

나는 교장! 나는 사모!

'가장 좋은 것은 아직 오지 않았다'를 본문의 언어로 바꾸면 "우리는 아직 엘림에 오지 않았습니다."입니다.

자, 그러면 이제 다시 한번 외치고 믿음의 여정을 계속하십시다.

"우리는 아직 엘림에 오지 않았습니다. !"

The best is yet to come! 가장 좋은 것은 아직 오지 않았습니다.

나는 내가 살아생전 하나님께 기도했던 많은 기도제목의 열매를 보리라 기대한다.

아마도 목사님과 나에게 크신 하나님의 은혜와 축복이 있으리라.

하나님의 일하심으로 교회의 부흥도 보고 선교의 현장도 보리라.

우리 가정에 믿음의 가문이 열리는 모습도 보리라.

우리 가문 후손 만대까지 믿음의 가문 명문 가문이 이루어지는 모습을 보리라.

혹시 살아생전이 아니라면 천국에서 그 감격스러운 모습을 보리라.

교장실에서 하나님을 간증하는 글을 한 자 한 자 써 내려갔다.

매일 쓴 것은 아니다. 월요일, 화요일, 목요일은 글을 쓰려고 노력했다. 출근해서 학교 일을 하고 퇴근시각이 되면 사택에 가서 밥 먹고 세수하고 편한 옷으로 갈아입고 교장실로 간다. 숙직 기사님 빼고는 학교에 나 혼자다. 건강을 위해 복도 이 끝에서 저 끝까지 1시간을 방언기도를 하며 걷는다. 그리고는 컴퓨터 앞에 앉아 하나님께서 내게 행하신 일들을 써 내려갔다. 어떨 때는 잘 안 써질 때가 있다. 그래도 내가 집에도 안 가고 사택에서 자면서 글을 쓰는데 최소한 12시까지는 써야지! 하면서 의자에 내 생각의 줄로 나를 묶어 놓고 버틴다.

물론 잘 써질 때도 있다. 그럴 땐 너무 뿌듯하다. 스트레칭을 하면서 창밖 너머 깜깜한 운동장을 보며 학교 사택이 있어 참 감사하다는 생각을 한다. 밤 12시에 지친 몸으로 2분 걸어서 바로 사택에 가서 꿀잠을 잘 수 있으니 말이다.

나는 교장! 나는 사모!

논문도 써 보고 보고서도 많이도 써 봤는데 60이 넘은 나이라 그런지 간증집을 쓰는 것이 제일 힘들다. 어떤 때는 '아무도 없는 학교에서 이 나이에 내가 뭐하는 거지?' 이런 생각이 들 때도 있다.

　소원을 두고 행하시는 주님께서 이렇게 긴 시간 동안 변함없는 소원을 주시니 순종하는 마음으로 시작한 간증집!
　물론 나 자신에 대해 많이 부끄럽다.
　이런 나를 버리지 않고 사랑으로 이끌어주신 주님께 감사하다.
　나도 버리고 싶은 누군가에게 주님께 받은 사랑을 흘려보내는 삶을 살아내야 하는 사명이 있다.

　모든 것이 참 감사하다.

　평생 무엇인가 나에게 과제가 있었던 것 같은데, 아직도 과제가 있어서 감사하다. 꼭 마쳐야만 하는 숙제를 잘해서 하나님께 '참 잘했습니다' 도장을 받고 싶다.

나는 교장!
나는 사모!

ⓒ 이희열, 2023

초판 1쇄 발행 2023년 7월 20일

지은이	이희열
펴낸이	이기봉
편집	좋은땅 편집팀
펴낸곳	도서출판 좋은땅
주소	서울특별시 마포구 양화로12길 26 지월드빌딩 (서교동 395-7)
전화	02)374-8616~7
팩스	02)374-8614
이메일	gworldbook@naver.com
홈페이지	www.g-world.co.kr

ISBN   979-11-388-2109-4 (03230)